水戸の人物シリーズ10

会沢正志斎の生涯

安見隆雄

錦正社

会沢正志斎肖像（部分）
（会沢安之氏蔵）

はじめに

この人物シリーズは、ここに第十号を迎えた。三十余年前の昭和五十八年、第一号の発刊に際し、当時の名越時正会長は、「『水戸の人物』シリーズ刊行に当たって」の序文を寄せられた。その要旨は次のようなものであった。

水戸史上の人物にもさまざまな風格の持ち主があって、共通の類型に当てはめて割り切ってしまうことははなはだ精密を欠くことであり、また事実不可能でもある。

と述べ、そもそも水戸という所は昔から都を遠く離れた関東の僻地にあって、冬は寒く、産物は余り豊かでないが、政治や教育の上で気質の改良に務めたのは水戸藩であった。特に、第二代藩主光圀（義公）の時には、

光圀自身若い頃から学問の意義に目ざめ、無学の人間ほど役に立たぬものはないと悟って領内の士民に常々有用の実学を奨《すす》める一方、大日本史編纂等の文化事業に携わる史臣をはじめ多くの家臣を採用したが、その採用に当っては履歴の他に詩や文章を検し、人柄を重んじた。一種独特の気骨ある人物が集められ、それぞれの持ち前を活かして充分な働きを

見せた。光圀の施政は百姓町人にも大きな影響を与えたであろう。として、水戸藩の歴史の上で、光圀の存在が重要であったことを特筆された。そして、時代が下って、第六代藩主治保《はるもり》（文公）の頃、領内の百姓町人から人材を選んで藩士に採用したことは、領民に意欲を持たせたが、第九代斉昭《なりあき》（烈公）の大改革はそうした新進藩士やその子たちの改革意欲によって推進された。従ってこの時代には領内の士民の間に文武好学の気風が興り、改革的意見を具申する者も多くなった。

と述べて、江戸時代の後期に入ると、水戸藩生え抜きの人物が育成され、郷土愛に燃える人物が現れてくるようになったこと、中でも、

烈公や東湖による気風刷新は、世界的、国家的立場から郷土的弊風を一洗しようとしたものので、それによって尊王攘夷の精神に基づき、内外の危機を打開する重い任務を果そうとしたのである。こうして幕末の水戸人は高い思想識見とやさしい人情味、気魄に富んだ実行力を持つようになったが、それは深い学問探求の努力や、父兄師友による切磋琢磨があったことを忘れてはならない。

として、後期水戸藩の特色を明らかにされた。最後に、

「水戸の人物」シリーズは、……個々の生き方の中にさまざまの特性を見出して、現在に

生きるわれわれの中に活かせるようにと考えて発行してゆきたい。と締めくくり、発刊の序文とされた。

さて、『新論』の著述をもって天下に知られた会沢正志斎《あいざわせいしさい》は、江戸時代後期に水戸藩が生んだ偉大な思想家であり、教育家であった。それだけではなく、斉昭を輔佐して、天保の改革を積極的に推進し、「天下の魁《さきがけ》」として水戸藩の名声を高めた経世家であった。また幕末における幕府との厳しい対立抗争の中にあって、しばしば水戸藩を滅亡の危機から救った戦略家としての功績も忘れてはならない。その八十二年の生涯は、十八世紀の後半から十九世紀の後半に至り、あと五年で明治維新を迎えようとする起伏に富んだ激動の時代を生き抜いたのであった。

正志斎には、同時代に生きた藤田東湖ほど表舞台での華々しい活躍ぶりは見られない。ほとんど水戸にあって『大日本史』の編纂、弘道館と家塾における教育、そして恩師藤田幽谷の遺志を継いで執筆に当たっていた。

正志斎は、迫り来る欧米列強を前にして、世界史的視野に基づき、今の世は戦国時代と認識し、古代中国の兵法家・孫子の戦術を活用し、その侵略の手から我が国を護ろうとして攘夷思想を啓発した。一方、『大日本史』編纂の過程で形成された国体の自覚による尊王思想に基づき、士民の意識統一を図り、武備を整えることによって内外の危機に対応しようとした。

そのために、天下太平を謳歌する士民の眠りを醒まし、惰性的な幕藩体制の改革を図り、当面する諸問題について積極的で的確な方針を提示していった。それらは、早くは『新論』に見られ、また藩主や藩庁への多くの封事《ふうじ》や建白などによって明らかである。

正志斎の大きな功績はそればかりでなく、幽谷の提唱する実学を継承し、『及門遺範《きゅうもんいはん》』を著して、その教育の実際を書き残し、忠孝の道徳に基づく教育のあるべき姿を伝えたことである。そして西国からはるばる笈《きゅう》を負うて水戸に来遊した真木和泉守や吉田松陰に対して懇切に水戸学の精髄を伝授して、幕末・維新への道筋を付けた事績を特筆しなければならない。

そして数多くの著作を世に残し、それらは尊王攘夷思想に象徴される後期水戸学の大成者として歴史的評価を与えられるに至った。

正志斎の一生は、まさしく幕末史そのものといえる。その詳細を述べることは、この小冊子のよく及ぶところではない。この書が、正志斎の偉大な人物像を世に広め、これまで語られることが少なかった経世家としての一面を、少しでも明らかにできたならば幸いである。

目次

一　会沢正志斎の誕生とその家庭

1　水戸城下に誕生

(1)　諱は安、字は伯民

会沢正志斎（一七八二〜一八六三）は、今から二百三十余年前の天明二年五月二十五日、水戸の下谷（梅香）に父与平《よへい》と母のゑの長男として生まれた。

幼名は市五郎、後に安吉といい、元服して恒蔵《こうぞう》と称した。諱《いみな》（本名）は安《やすし》、字《あざな》は伯民《はくみん》、号は正志斎、欣賞斎《きんしょうさい》、憩斎《けいさい》などを用いた。男子は正志斎一人で、姉と二人の妹がいた。

(2)　清廉な役人であった父

父の与平は、初めは源衛門、また文五郎と称し、諱は恭敬《きょうけい》、のちに与平と改めた。与平は、若くして父の職を継いで郡方手代《こおりがたてだい》となった。彼は職務に励み、天明七年（一七八七）十月に中間《ちゅうげん》頭格《かしらかく》、次いで元締め役となった。寛政六年（一七九四）正月には、ある事件に関係して小普請組《こぶしんぐみ》（無役）となったが、同九年六月に復職して評定所守《ひょうじょうしょもり》となり、同十二年には中間頭を勤めた。享和三年（一八〇三）七月に扶持米《ふちまい》（切符）を賜わって武士の身分となり、歩行目付《かちめつけ》次坐から、大坂蔵屋敷勤務となった。与平は、大坂に赴任する途中で病気になり、文化元年（一八〇四）四月二十日、その地で五十八歳で亡くなった。

与平は、青山延光《のぶみつ》の「会沢先生墓表」の中で、「廉吏《れんり》を以て聞ゆ」と記され、私欲のない心の清らかな人であったという。また東湖の「与平会沢君墓碑」に、その人柄が次のように記されている。

「与平は、落ち着きがあり言葉は少なめで、漢学の知識と人を容れる度量があった。文公（治保《はるもり》）の民政の主旨を酌み、郡吏として、専ら貧窮の民を救うことに努力した。その居間には真西山《しんせいざん》の『邑宰《ゆうさい》に宴するの詩』を掲げ、常に読誦し、『従来、官吏と斯民《しみん》と本是れ同胞一体、これ親しむ』の一句については、反覆して丁寧に分かりやすく村民に教え諭した。正志斎は幼少ながらも、それに深く感動して、今に至るもその時の様子が心目にあるようである」（大意）と記している。なお、真西山は、真徳秀といい、宋の蒲城《ほじょう》の人。官は参知政事、朱子学派の学者で西山先生と称されたという。

また与平は、事を処理する時には慎重であった。必ずまず事情を究明して、原因を詳らかにし、その後に施政の方針を決定した。また人の訴え事を聴く時は、必ず深思熟慮し、軽々しく可否を判断しなかった。それを判断が遅いと評する者もいたが、その下した結論は見事で、人々はその明敏に服したという。

その性格は、物を愛し施すことを好んだ。失職した時でも、家族が多くて貧しい生活であったが、常に落ち着いた日々を送っていた。また、普段から権力者などの門に出入りしなかった。ある人が、家が子沢山のため、その貧しさを見かねて、与平を有力者に紹介して、職を斡旋しようとしたが、与平はそれを辞退して、「自分は、懶惰《らんだ》（なまけもの）で、人に接する方法を習はず」と言ったという。その「清廉自持」（心が清らかで、私欲が無い）の性格はすべてこのようであった。

与平は、教養があり、近所の子供を集めて寺子屋のような教育をしていた。このような父の性格は、正志斎にも受け継がれ、清貧に甘んじ、人に媚《こ》びる態度を嫌うことなどは、その生涯を通して守り続けられた。

(3) 慈愛に満ちた母の庭訓《ていきん》

母のゑは、海野幸衛門益道の女として生まれたが、幼くして父を亡くしたので、根本善賀重政の養女となり、やがて与平に嫁いだ。母は、温かく恵み深い人で、家庭内のことをよく切り盛りし、夫の心を煩わせることはなかった。また隣り近所ともよく交わり、物を施し親切に付き合った。また、母は子供を厳しく躾《しつ》け、正志斎には、常に争いごとをしないように戒め、どんなに忙しい時でも、家事の手伝いなどはさせずに、常に学問に精進するようにと諭した。

このような両親に育てられた正志斎は、「三つ子の魂百まで」となって、生涯を貫く人格の基礎がここに形成されていった。

2 会沢家の家系

(1) 駿河から常陸に移住、始祖は藤原伊周

会沢家の祖先は駿河（静岡県）の人で、戦国時代に常陸国（茨城県）に移り、代々にわたり久慈郡諸沢《もろさわ》村（常陸大宮市諸沢）に住んでいた。子孫の中には仕官する者もあったが、特に目立つほどではなかったという。

正志斎は、晩年になり少し暇ができると、父がかつて整理しておいた家譜をもとに改めて調査した。その「会沢家譜序」の中で、

我が会沢家の始祖は藤原伊周《これちか》（九七四～一〇一〇）に基づく。伊周の子の忠親、その母は伊勢大神宮の長官、大中臣輔親《おおなかとみすけちか》の娘である。伊周が叔父の道長と争い、九州大宰府の権帥《ごんのそち》に左遷された時、外祖父の輔親は忠親を実子として養い、中臣を名乗らせたという。その忠親の子孫が駿河に土着して、藍沢、もしくは鮎沢と称したが、これは会沢と同一と考えられる。その一族が常陸に移住したが、その年代も明らかでない。恐らくは戦国時代であったと思われる。（大意。『会沢正志斎文稿』所収）

と記した後に、今になっては遺憾ながら「門族零落して譜牒《ふちょう》を詳かにする能はず、まことに慨嘆する他はない」と述べている。

その祖とする伊周は、摂関時代にあって、第一等の文才と称され、一条天皇に漢籍を進講した。また伊周の夫人が伊勢大神宮の長官、大中臣輔親の娘であることに触れているのは、伊勢神宮を崇敬し、祭政一致の国体論を説く正志斎の学問思想との関連を窺《うかが》わせるところである。

正志斎が、祖先を藤原伊周であるとしているのは、師の幽谷が、その始祖を『令義解《りょうのぎげ》』を編纂した学者・小野篁《たかむら》（八〇二～八五二）としたのと共通するものがある。

幽谷の門人である石川久徴《ひさもと》は、「幽谷遺談」の中で、

実に小野氏には篁・道風《みちかぜ》抔の如き文人多ければ、今、先生の祖先数世、民間に編戸《へんこ》（編入）すとも恐らくは其の血胤《とうふう》を伝へられしなるべし。（『幽谷全集』所収）

と記しているが、自家の祖先を遠く名家や賢臣などと結び付けるのは、当時の学者・文人らに共通した嗜好《しこう》といえよう。

(2) 頼房に召されて水戸城下に移住

会沢家が常陸に移住してからのことについて、「水府系纂」や東湖の「与平会沢君墓碑」によれば、

会沢家の遠祖は刑部《ぎょうぶ》左衛門某《それがし》と言い、代々にわたり常陸国の諸沢村に住んでいた。威公（初代頼房）の時、総兵衛が召されて水戸城下に来り、餌指《えさし》（鷹の餌にする小鳥を捕らえる役）という下役を勤め、曾祖父の仲衛門に至るまでこの役を勤めていた。その子である祖父の三郎衛門昌隆に至って、郡方手代となり、その子与平に伝えた。（意訳）

と記されている。

二　藤田幽谷に学ぶ

1　父の勧めにより幽谷に入門

正志斎の父は、学識があり書道も巧みであったので、近所の子供らに教えていた。正志斎は、「自分は、幼年より読書を好んだ」（「風簷集序《ふうえんしゅうじょ》」）と述べているように、幼い時より父から『論語』などの読み方を教えられ、九歳までに四書五経の漢籍を一通り読み終えたという秀才ぶりを表していた。（「会沢先生略譜」。以下、「略譜」）

寛政三年（一七九一）正月、正志斎は十歳になると、父の勧めにより同じ町内の藤田幽谷《ゆうこく》に入門した。時に幽谷はわずかに十八歳であったが、すでに「正名論」を著すなどして、その英名ぶりは水戸藩内のみならず、江戸でも評判になっていた。（「先考次郎左衛門藤田君行状」『幽谷全集』所収）

2 幼年時代の逸話

「会沢先生行実」（以下、「行実」）に、正志斎の幼少年時代の逸話が数多く残されている。

正志斎が入門した年の八月に、父の都合で郊外の細谷（城東）に転居した。塾から一里（約四キロ）離れた道のりを、朝早くに出かけて夜遅く帰るという勉学ぶりで、どんなに悪天候であっても一日も休むことなく学問に励んだ。その努力の成果で「嶄然《ざんぜん》、頭角を見《あら》はす」ことになった。

入門したばかりのころ、『孝経』の講義を聞いて非常に感激して、「忠孝を実行しない者は人ではない」と心に誓ったという。この年の十一月に幽谷は父を亡くし、喪に服していた時であるから、この講義は、特に少年の心に深い感慨を与えたことであったろう。

ある日、塾から家に帰る途中で、正志斎は親戚の者とすれ違ったが、それとは気付かずに肩を怒らして足早に通り過ぎようとした。その者が不思議に思って声を掛けたところ、正志斎は、「今日、幽谷先生の節義を談ずるのを聞いて、気持ちが高ぶり、身体が躍動していたために気付かなかった」と言って詫びたという。

ある時、塾に年長の者がいて、正志斎が幼少であることを侮《あなど》り、帰宅する時に、鬼の仮装をして驚かそうとした。正志斎は、それと気付いて歩みを遅くし、刀に手を掛けて進み、少しも恐れる様子はなかったので、仲間はその胆勇に敬服したという。

そして正志斎は、武士でありながら武道を疎《おろ》かにしている世の中を歎き、毎日のように剣や槍の鍛練に励んだ。日頃から兵学書を好んで読み、時には夜間に甲冑《かっちゅう》を着て坂道を上下した。それを見た人々から、気がおかしくなったのではないか、と笑われたこともあった。

その他、正志斎は、友達仲間と軍《いくさ》遊びをする時は、常に一方の大将となって旗を振って指揮した。他の子供らは皆それに従って逆らうものはいなかったので、人々は不思議な能力がある少年であると評したという。

藤田幽谷肖像

このように正志斎が、文武両道に励んだのは、幽谷の教育方針の影響であった。後に、武公（七代治紀《はるとし》）に認められ、「学者が武術を好まないのは、昔から同じである。しかし正志斎のように学者にして武術を好む者は得難い人物である」とし、たびたびその実践的な学問について称賛されたという。（文化二年、正志斎二十四歳）

3　幽谷・君平の評価

(1)　幽谷の評価・大志を抱く少年

幽谷は、門人の正志斎について、次のように評価していた。

この子はまだ幼少ながら、非常に意気盛んで、節操が堅いところがある。世の中の不正を歎き、国家のために役立とうとする大きな志を抱いている。書を読み、剣を学び、そして金銭的なことに拘《こだわ》らない。家は父の収入が少なく、家族が多いため、生活は苦しかった。周りの人が心配して、権力者にお願いして仕事を探すように説得したが、正志斎は耳を貸さず、信ずるところを守って動かなかったことは、誠に感心な態度である。将来は、自分の学問を継承する者となろう。（大意。「行実」）

このような金銭的に淡泊なところは父の性格を引き継いだものであろう。

(2)　蒲生君平の評価・幽谷の学問を継ぐ者

ある日、蒲生君平（一七六八〜一八一三）が水戸へ来て、幽谷の家に宿泊した。まだ少年の正志斎の才能を称賛し、一層勉学に励むように激励するとともに、周囲の人々に「この少年は沈着な性格で優れた才能がある。将来は幽谷の学問を継ぐべき人となるであろう」と語ったという。

これは寛政八年（一七九六）、幽谷が梅香に屋敷を新築した年で、君平は二度目の訪問の時と思われる。その時、正志斎は十五歳であった。（「行実」）

君平は宇都宮の人、君平は字《あざな》で、諱《いみな》は秀実、通称は伊三郎、修静庵と号した。君平は、仙台藩の林子平、上野国の郷士高山彦九郎と共に、「寛政の三奇人」と称され、『山陵志』『不恤《ふじゅつ》緯《い》』を著して、『新論』などに大きな影響を与えた。

(3) 幽谷の志を継ぐ決意

寛政九年（一七九七）、幽谷は江戸藩邸へ出張を命じられ、一時水戸を離れるが、「丁巳《ていし》封事」（寛政九）を治保《はるもり》（六代文公）に呈して失政を指摘したため、不敬の罪により免職となり、その年に水戸へ戻ってきた。正志斎は、引き続いて幽谷の指導を受けた。

「行実」の中で、正志斎が幽谷の志を継いだ経緯について次のように記している。

幽谷先生の志は、経世（世を治めること）にあって、著述する時間がなかった。晩年に至り、ようやく執筆に取り掛かろうとしたが、不幸にして病により亡くなられてしまった。子の斌卿《ひんけい》（東湖）は、才気が非常に優れていて、当然、父の志を能く継述したが、それを成就しないうちに亡くなった（安政二年十月二日、江戸大地震により圧死）。正志斎先生は、非常にこれを悲しんで、遂に全力を著述に尽くした。夜には油を燃やして灯《ともしび》とし、一日中、少しも怠らずに執筆に励んだ。（意訳）

正志斎が寸暇を惜しんで著述に専念したのは、幽谷の遺志を継ぐためであり、著作には師の書き残そうとしたところを酌んで執筆したものが多かった。

また正志斎の性格について、幽谷の評価を引用し、

篤実純孝、強学力行、夙《つと》に大志有り。常に天下国家に報効する所有らんと欲す。幼にして沈毅《ちんき》不群、行行《こうこう》人を兼ね、鋭気殆ど抑《おさ》ふべからず。

と記している。正志斎は誠実な性格で、親には孝行を致し、勉学に励み、国家の恩に報いようとする大志を抱いていた。幼いときから落ち着きがあり、人に勝《まさ》った気性を持ち、独立の気性が強かったと評している。

三　青藍舎の教育

1 「正名論」から国体論を学ぶ

幽谷が寛政三年（一七九一）、十八歳の時に「正名論」を書いたのは、老中松平定信が幽谷の秀才ぶりを聞いて、その文章を見たいとの要望があったからとされる。定信の旨を伝えられた彰考館総裁の立原翠軒は、幽谷に、「今までの文章の中から選んで提出せよ、修正して呈上するから」と命じた。幽谷は、自宅に帰らず、友人の小沢多仲の書斎を借り、直ちに書き上げて届けたという。（石川久徴「幽谷遺談」、藤田東湖「先考次郎左衛門藤田君行状」）

これも幽谷の秀でた才能を示す逸話として伝わっているが、実はこの「正名論」の下書きと見られる文章が、その前年に執筆された「幽谷随筆」に収められている。大体において同一の文章であるが、詳しく字句を比較すると、「覇主」と「覇主の業」、「将軍」と「幕府」などの文字に相異があり、推敲を施したことが分かる。従って、この「正名論」については、以前から幽谷が起草していたものに、字句に修正を加えて提出したものと思われる。これを見た定信は、任用を取り止めたとの説があるが、これには疑問が残る。これについては、かつて論じたことがあるので参照されたい。（「正名論再考」、拙著『水戸光圀と京都』所収）

「正名論」の文章は簡潔なものであるが、その中に幽谷の名分論、歴史観、そして朝廷と幕府との関係などが明確に論じられている。この時までに、学問の根本が確立していたことを証明する非常に重要な文章である。

しかし、それは幽谷一己の才能により成立したものではなく、すでに栗山潜鋒の『保建大記』や北畠親房の『神皇正統記』を学び、そして光圀（義公）以来の修史学の研究の中から形成されてきた学問の成果であるといえる。それらの思想が正志斎の学問形成に大きな影響を与えたことは当然のことである。

「正名論」を要約すると、大きく四節に分けられ、起・承・転・結の構成となっている。

第一節（起）では、「名を正す」ことの意義を述べる。

「甚しいかな、名分の国家において、正しく且つ厳ならざるべからざるや」と始まり、名分こそが国家において最も厳正であるべきものであるとした（名分とは身分・立場などに応じて守らなければならない本分のことをいう)。我が国は開闢《かいびゃく》以来、天照大神のご子孫が天皇として代々明徳を継ぎ、君臣の上下の区別は厳正に守られてきた。

第二節(承)では、我が国の治乱盛衰の歴史を述べる。

平安時代以降、藤原氏は「権を専《もっぱ》らに」して「摂政」となったが、天皇の地位に代わったものではない。鎌倉幕府と室町幕府は、天下の権力を握って「覇者」となったが、その態度には僭越なものがあり、特に室町幕府は「大君」となるに等しい。豊臣氏は「覇主《はしゅ》之業」を致して、藤原氏の関白の号を奪ったが、天子を奉じ、「臣下の礼」をもって皇室に事《つか》え、王と称しなかったのは、名分を重んじたからである。東照公(徳川家康)は、国内を平定し、皇室を奉じて、天下の人心を安定させた。従って「君臣の名、正しくして、上下の分、厳」であって、至徳という点ではシナ(中国)の文王《ぶんのう》より上である。

第三節(転)では、名分の上から幕府のあるべき態度を述べる。

我が天朝は「皇統一姓」であり、革命により天子が交代するシナとは比べようがない。そのような国であるから、「幕府、皇室を尊べば、すなはち諸侯、幕府を崇び、諸侯、幕府を崇べば、すなはち卿・大夫、諸侯を敬す」るようになり、その結果、上下の関係が確立し、国内は平和に治まる。従って名分を正しくするということが最も大事なのである。

第四節（結）では、「正名」こそが治世の根本であることを述べる。

徳川幕府が、天下国家を治めているのは、天子の政を摂《せっ》（代行）するものである。それ故に、天子を戴いて、諸侯を治めることは、「覇主の業」である。しかし、外国人は現実の幕府を国王と見なし、「天子は国事に与《あずか》らず、ただ国王の供奉《ぐぶ》（お供）を受くるのみ」といい、その実状は国王に近いものである。それでも、我が国には真の天子があるので、幕府は決して王と称してはならない。ところが、現実に幕府が、天下国家を治めていることは、王と同じといえる。しかし、シナでは周の文王は天下を治める実力はあっても、あくまでも諸侯としての名分を守り、決して王と称しなかった態度を至徳であると称賛するが、幕府もこの態度を見習うべきである。

従って、今の幕府は、天子に代わって国を治めているので、「摂政」ということができる。孔子の言うように、「名を正しく」することにより、天下が治まるのであるから、政治をなす者は、「名を正す」ことを以て実用に向かないとしてはならない。

これが幽谷の説く国体論であり、朝廷と幕府との関係を名分上から位置づけたもので、尊王敬幕論といわれている。それはまた幕府政権は朝廷から委任されたものとする大政委任論となり、幕府摂政論といわれるものである。これは幕府側からすれば、後の日米修好通商条約の調印に際して、その決定権は幕府にありとして無勅許調印の根拠とされ、さらに進展して幕末の大政奉還論となり、結局、幕府の消滅に至る政治思想の魁《さきがけ》をなすものである。しかし、当面の幕府が王と称するがごとき僭越な態度を、正名論の立場から是正すべしとする建白的な意味合いが含まれているが、直ちに幕府批判論と見ることはできない。

正志斎は、幼少から「正名論」を学び、この尊王敬幕の「国体論」が一生を貫く根本思想となった。『新論』の論旨はこの「正名論」に基礎を置いたものであり、後年になり勅諚（戊午の密勅）の降下から始まる藩内の動揺に対処して揺るぎない立場を維持する根拠となった。

2 『及門遺範』の執筆と「青藍舎」の教育

(1) 幽谷歿後から二十四年目の著述

幽谷は、若い時から近所の子供らを教えていたようである。正志斎が入門した時には幽谷は十八歳であり、早期の門人の一人であった。その頃はまだ塾名はなく、十年後の享和二年（一八〇二）、「青藍舎」と名付けて、「出藍の誉れ」（『荀子』「勧学」）となるべき人材の育成に情熱を注いだ。正志斎が入門した年に書かれたのが「正名論」である。そこでの教育の実際を正志斎が詳細に記録したものが『及門遺範』で、『新論』と並ぶ代表的な著作となっている。

この『及門遺範』は、嘉永三年（一八五〇）、幽谷が歿してから二十四年後の著述である。時に正志斎は六十九歳を迎え、すでに水戸藩のみならず、全国の有志から仰がれる存在となっていたが、かつての先師の教えを昨日の出来事のごとく詳しく記述している。彼のこの態度は、師道を尊ぶ水戸学を象徴するものであり、それはまた今の教育の在り方について多くの示唆を与えるものといえよう。

正志斎は、執筆の理由について、「かつて自分が学んだ頃と今の教育との間に変化が見え始め、ここで幽谷先生の教育の実際を書き残しておかないと、門下生の中でも先生の本当の教えが忘れ去られてしまうかもしれない」と述べている。

その背景には、同門の子弟らが、次第に世を去る現実があったことを理由として上げている。ちなみに同門の歿年を記すと、宇佐美蘋亭《ひんてい》（一八二六）、岡崎槐陰《かいいん》（一八三二）、川瀬教徳（一八三八）、吉田活堂（一八四四）、吉成信貞（一八五〇）などである。

しかし、それだけではなく、別の理由があるように思える。それは、幽谷の嗣子である東湖が、嘉永元年（一八四八）に「青藍舎」での教育（会読）を再開し、翌二年八月には「青藍舎」を再興して、本格的に塾の教育が始まったことが、執筆の大きな理由ではないかと思われる。東湖は正志斎より二十三歳年下で、当然のことながら、幽谷の初めころの教育の実際は知らない。

とはいっても東湖はすでに四十四歳で、斉昭（烈公）の側近として重きをなして活躍しており、その学力と識見は天下の仰ぐところであった。しかし、「師承の学」を重んじる正志斎としては、東湖によって幽谷の教えを正しく後世に伝えてもらいたいという強い思いがあったのではないか。東湖もこの執筆のことを伝え聞いて、門人への手紙の中で、恐らくは私の知らない父の初めの頃の教育のことであろうと書き送っていることによっても窺うことができよう。

それと同時に、藤田の学を継承する者との自負を抱いていた正志斎にとって、この書は、幽谷の教えを記するだけでなく、正志斎自身の塾教育の実際を記したものと考えられる。その意味でも、この書は重要であるといえる。

今昔を問わず、とかく口先だけの学者の多い世の中で、正志斎のように誠実な人柄と師の学問を重んじて言行一致を大切にする態度は、いつの世にも高く評価されるべきであろう。

(2) 青藍舎の教育を忠実に記述した『及門遺範』

『及門遺範』は、序文と跋文、本文二十三条から成るが、その第一条と第二条が全文の最大の眼目であり、それ以下の条文は、この根本方針を、時に応じて門人に教えた実例を記したものといえよう。

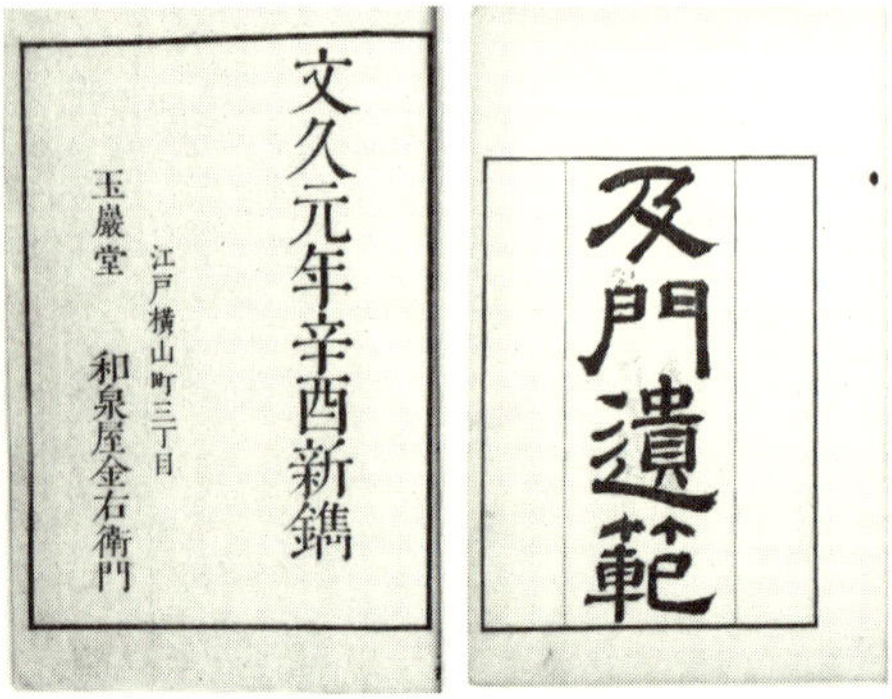

『及門遺範』版本

① 忠孝の教えと君臣の義

第一条では、「先生の教えは、忠孝にあり、世の中の不義を憎み、正義を好み、親の死去に際しては、心から哀惜して心喪三年を実行した。十五歳の時、『保建大記』を読んで奮起し、十八歳の時「正名論」を著し、君臣の大義を述べるに至った」。（意訳。以下同）

この『保建大記』は、光圀（義公）に招かれて『大日本史』の編纂に従事した栗山潜鋒の書である。保元の乱（一一五六）から建久三年（一一九二）の鎌倉幕府開設のころまでの歴史に評論を加えて叙述したもので、『神皇正統記』と共に尊王論の代表的な書とされている。

第二条では、「先生は君臣の義を重んじた。我が国は開闢《かいびゃく》以来、天照大神の子孫である天皇が三種の神器を奉じて天下を治めてきた国体の尊厳について説かれた」。

このように、一条・二条において、忠孝を重んじ、国体について説き、君臣の義の大切なことに触れているが、これらはすでに「正名論」に説かれたところであり、また正志斎が『新論』において詳細に論じたところである。

②『孝経』『論語』の尊重と原典重視の教育

第三条では、「先生は『孝経《こうきょう》』、『論語』を尊重された。当時の一般的な慣習として、子供に最初に教える教本は、シナの詩文集『文選《もんぜん》』が用いられていた。ところが先生は、まず『孝経』を読ませて、親への孝を尽くすことが人として大切であると説かれた」。

この『孝経』は、孝を最高道徳、治国の根本であるとした儒教の経典である。特に有名な一節は、次の一節であろう。

身体髪膚《はっぷ》、之を父母に受く。敢へて毀傷《きしょう》せざるは、孝の始めなり。身を立て道を行ひ名を後世に揚げて、以て父母を顕《あら》はすは、孝の終りなり。（開宗明義章第一）

また『論語』でも、孝弟（悌）について多く説かれている。

子曰く、弟子入りては則ち孝、出ては則ち弟《てい》、謹みて信じて、汎《ひろ》く衆を愛して仁に親しみ、行《おこな》つて余力有れば、則ち文を学べ。（学而第一）

人は家庭にあって親に孝を尽くし、外では年長者を尊び、民には仁政を施すことが基本であり、それでも余力があれば、学問を学ぶべきであるとしている一文もよく知られている。

ところで特にこの二書を尊重したことは、幽谷独自の教育方法ではない。幽谷は古代の律令制度を研究して、その当時の「大学」の規定を塾の教育に取り入れ、我が国古来の正しい教育を取り戻そうとしたのである。

それは第九条に、「先生が『孝経』を講説する時は、『愛・敬』の二字を第一義とし、『仁孝一本』について説く際に、常に「大宝令」の「学令」の中にある、『孝経』『論語』を学者に兼習（必修科目）させた」（『令義解』）ことに触れていることによっても明らかである。

また第八条では、「先生は、経書（漢籍）を学ぶ時には、まず原典を十分に熟読玩味《がんみ》させ、その後で伝注（注釈書）を見させる」という学問の仕方を指導した。そして第七条では、「咀嚼《そしゃく》の二字は読書の秘訣であると教え、一日に何十巻も読んでも、じっくりと自分の頭で味わい、『眼光紙背《しはい》に透《とお》る』というほどでなければ無意味であると説いた」と記している。

③　文武両道の教え

第十一条では、「昔は文と武との一致に努めた。孔子も『学問ある者は、必ず武道の心得がある』とした。古来、我が国は勇武を尊んできたが、今の武家社会の世では武士の身分でありながら、本業を忘れている」として、門人には武芸の修練を奨励した。また、第十二条にも、「武を習うことは、戦場に出て武士としての職分を尽くすためであって、平和な時に演武場で自分の技を見せるためのものではない」として、実戦的な武道を推奨した。

そして先生は、「自ら伊勢に伝わる吉田の射法を学び、戸崎の刀法を伝える者を招いて塾生に学ばせた。これより小野派一刀流などの各武術家も実用を主として講究し、次第に武勇を称される者が出てくるようになったのは幽谷の功績である」としている。

このように文武の重要なことは、『新論』「国体・中」にも詳しく述べており、また『弘道館記』にも「文武不岐《ふき》」と明記されるなど、学問と武道において実学・実践を重んじる水戸独特の藩風が確立していった。正志斎も早くから武道の修練に励んだのは、この影響であった。

徳川光圀肖像〈義公像〉（義烈館蔵）

④ 光圀の遺訓を尊重

幽谷が武士に学問を積極的に奨励し、学問によって士風の立て直しを目指したのは、やはり光圀の学問奨励の影響が強かった。

第十条に、光圀の言葉を引用し、「武士は道を学び、道徳を知らなければならない。匹夫《ぴっぷ》の勇は無意味である。道を学ぶ者として自分も儒者である」と記して、これは、幽谷先生の考えと同じであると述べている。

光圀については、十四条でも触れて、「義公は嘗て曰く、『先賢各々見る所あり、広く蒐《あつ》め博く採り、之を用ゐて偏ならざれば則ち善し、偏見に執はれ一隅に拘泥するは儒中の異端なり』と」の一文を引用して、幽谷先生は、「義公の遺意を奉ずる」ものであると記している。

⑤　胸襟を開いて、各人に応じた指導

第十三条に、「先生は、その人の性質能力を判断して、その優れているところを引き出すように指導した。また誰にでも真剣に懐《ふところ》を開いて説話し、一つも隠すところがなかった。また門人を一つの決まった形にはめようとはしなかった」と記している。

これは、長州の吉田松陰が正志斎に教えを求めて来たときに、正志斎が見せた態度と同じで、松陰を感激させたところである。（後述）

⑥　尊王攘夷

第十六条で、「先生は、孔子の編纂した『春秋』の教義に基づいて『尊王攘夷』について教え、その中でも特に『名分』を大事にした。『君臣上下の分』や『華夷《かい》内外の弁』について論ずること極めて詳細に明快であった」と記している。

この「尊王攘夷」とは、王室（朝廷）を尊崇し、夷狄《いてき》（外国）を打ち攘《はら》うことで、また「華夷・内外の弁」とは、シナの中華思想を逆転して、日本を中華とし、外国を夷狄として、日本人としての立場を尊重することをいったものである。

⑦　ロシアの来航と外国情勢の研究

第二十三条で、「先生は、ロシアが我が国の北海道・千島・樺太に侵出してくることを憂慮していた」。寛政六年にロシアの使節ラクスマンが、北海道の松前に交易を求めて来たが、その時、「先生は彼らの本当の目的を洞察し、外国が他国を侵略した古今の様子について詳細に解説された。また、キリスト教の教義についても大げさな作り話しが多いとして弁破された」と記している。そして、「もし西洋人の野望を達成させたなら、この世の中は光を失い、真っ暗闇となるであろう」ということを聞いた時には、正志斎は「茫然《ぼうぜん》自失、身を措《お》く所無きが如し」であったという。

また正志斎は幽谷の話を聞いて、土製の人形を造り、これを西洋人に見立て、笞《むち》で打って「愉快なり」、としたことは、当時の興奮がどれほど強いものであったかを物語る逸話である。

これは、『及門遺範』の二十二条に、幽谷が老子の説を排斥して、戯《たわむ》れに言うことには、「自分は老子の像を造り、その頭を撃って調子を取りながら講義すれば、さぞ愉快なことであろう」との話と関連するところである。

その他、幽谷は、時には優れた人物の詩や文章を吟誦して、士気を振るい立たせた。特に愛唱したのは文天祥の「正気歌《せいきのうた》」であり、子息の東湖も幼少年時代に聞いた「正気歌」を今でも忘れないと言い、弘化甲辰の変（後述）で幽閉されたときには、これに和して「正気歌」を作って正志斎に送ったことはよく知られている。（一一五頁写真参照）

幽谷の教育について別の視点から記録したものに、石川久徴の「幽谷遺談」がある。その中に、幽谷が門人に教える様子が記されている。

先生は、自分からは余り発言をせず、その人が発言するまで待っている。その内容が、自分の意に協《かな》わない時は、何も言わずに幾度もその人の顔色を視る。そしてその言うことが自分の意にかなう時は、膝を打て「是は妙也」（すばらしい）と言って誉め称えた。（意訳。『幽谷全集』所収）

これもまた、幽谷の教育の一面を窺《うかが》うことのできる逸話である。

四　彰考館に仕官

1　元服し、彰考館に勤務

幽谷の塾で学問に励んでいた正志斎は、寛政十年（一七九八）に十七歳を迎え、元服して恒蔵《こうぞう》と称した。翌十一年の四月二十三日に、正志斎は、同門の飛田逸民（勝、字は子健、通称は勝太郎）と共に水戸彰考館員に採用された。初めは写字生という低い地位であったが、学問を志す者には登竜門ともいうべきものであった。

彰考館は、光圀が『大日本史』を編修するために設けた編纂所で、その名の由来は『春秋左氏伝』の序に「彰往考来」（過去を明らかにして未来を考える）から名付けたもの。全国から第一級の学者を集め、史料も朝廷や公家、全国の旧家、神社や寺院などから収集し、比類のない学問の施設となり、その過程の中から水戸学が形成されてきた。また史館員による藩士の教育も行われた。彰考館は、一般に史館と称し、後に水戸と江戸に置かれた。この時、幽谷は「丁巳《ていし》封事」（寛政九年）を呈上して、不敬の罪に問われ免職となり水戸に帰っていた。

寛政十一年（一七九九）十二月六日、義公百年忌（元禄十三年＝一七〇〇年に薨去）に際して『大日本史』紀伝の清書本を義公廟に献じた。この時、幽谷は罪を赦されて歩行士格《かち》となり、水戸史館編修員に復職した。ここに正志斎は、幽谷と師弟手を携えて『大日本史』の編纂に関わることになった。

当時、水戸史館の総裁は立原翠軒《すいけん》（名は万《みつる》、甚五郎と称し、号は東里、後に翠軒。一七四四～一八二三）であり、また多くの学者が勤務していたので、それらの人々とも研鑽する機会が与えられ、実社会の経験を積みつつ学問も一段と深まっていった。

2　『千島異聞』の執筆と幽谷の「西土詰戎記」

享和元年（一八〇一）、正志斎が史館に入って二年目に『千島異聞』を著した。この時二十歳であった。これについて、二十三年後の文政七年（一八二四）冬頃の跋文に「此の筆記は、二十余年前に、読書中より抄録せしものなり」と記している。なお、文政七年はイギリス人が大津浜に上陸した時であり、『新論』執筆に際し旧稿を取り出して参考にしたものと思われる。

この書は、「蝦夷の千島は陸奥《むつ》の東北にあたり、神州の鬼門の方位にして」と筆を起し、近頃は怪しい夷人《いじん》等が多く千島の島々に渡来して島人を誑《たぶら》かし、自分の国に屈従させて、次第に松前地方に近付いてきていると聞いている。その夷人の本国をロシアという、そこでロシアの歴史を諸書によって抄録した、と執筆の目的を述べている。

この書は幽谷の命を受けて、抄録したものに意見を付け加えた程度のものであるが、正志斎の対外観の基本的考えを表わしたもので、『新論』へと続く内容を多く含んでいる。

(1) 「祈年祭の祝詞」に見る理想の対外観

この書で、注目される特色は、我が祖先の取った進取雄略の態度が称賛されていることである。その序言の中で、「祈年祭の祝詞《のりと》」を引用して、

古へ天照大神、四海に照臨ましましてより、(中略)皇大神の祝詞にも、狭き国は広く、険《さが》しき国は平らけく、遠き国は八十綱《やそつな》打かけて引寄する事のごとくといへるがごとく。

と述べている。「かつて我が祖先は、四方の人々を靡《なび》き従わせ、奥羽、越後、蝦夷、朝鮮までを征伐した。また将帥《しょうすい》にも優れた人物を得て、日本武尊《やまとたけるのみこと》などの人々が東北の地を鎮めた。天智

天皇の時には、阿倍比羅夫《あべのひらふ》が蝦夷までも平らげ、シナの東北にある粛慎《みしはせ》や渤海《ぼっかい》等のような海外の国までも朝貢した」と上代の歴史を述べ、これこそが建国以来の理想とした。

だが、「平安時代の中期以後、次第に宴安《えんあん》に流れ、朝政が衰えて、外国からの調貢もなくなった。中でも女真《じょしん》国（中国東北方の民族）が、壱岐・対馬を陥れ、大宰府まで迫ってきたが、その賊の名も知らず、高麗《こうらい》の牒状《ちょうじょう》によって初めて知るに至った。それでは、王化の四表に被《こうむ》ることなどは思いもよらない」と慨嘆している。

その後に、北条時宗の蒙古軍の撃退、豊太閤（秀吉）の朝鮮出兵など見るべきことはあるとしても、海外との隔絶、虜情についての無知は今日まで引き続いている。しかも太平の余弊は、人々文弱に流れて、北辺の地は僅かに松前氏の薄弱な防備に委《ゆだ》ねるのみで、ロシアが頻りに蚕《さん》食《しょく》を計りつつあることを悟らない。このような現状を憂慮してロシアの事情を究明して本書を著したのである、と記している。

ここに見られる正志斎の対外観は「王化を四表に被《こうむ》らせる」というもので、これは単なる攘夷論ではない。外国勢力から我が国を護るだけでなく、「天祖以来の仁徳を四方に及ぼして、我が国に靡《なび》き従わせるようにする」ことこそ、理想であるとしたもので、正志斎の一貫した対外思想であった。

(2) 内外の資料を収集して執筆

この書の記述は、寛政三年(一七九一)で終わっている。『千島異聞』となっているが、内容はロシア略史というべきものである。その資料として『泰西輿地全図《たいせいよち》』(朽木龍橋)、『カムサスカ風俗考』(工藤平助)、『魯西亞本記《ろしあ》』(前野良沢)、『魯西亞志』(桂川甫周)、『蝦夷草紙』(最上徳内)、『辺界分要図考』(近藤守重)などの他に、外国人の書も含まれている。例えば『西域聞見録』は清国の七十一椿園の著、『職方外記』の著者はイタリア人のイエズス会宣教師で、明代に活躍したアレーニ(中国名、艾儒略《がいじゅりゃく》)が一六二三年(元和九)に漢文で著した地理図誌であり、マテオ・リッチの『万国図志』に基づいて増補したものといわれる。『坤輿外記《こんよ》』は、フランドル出身のイエズス会宣教師フェルピースト(中国名、南懐仁)著など、清国の書までに及んでいる。当時、不便ながら及ぶ限りの資料を収集して編集したことが知られる。

また長久保赤水(一七一七〜一八〇一)も、安永六年(一七七七)彰考館に入り、地理学者として名声が高い。彼は『東奥紀行』、『安南国漂流記』、『日本輿地路全図』、『清広輿地全図』、『唐土歴代州郡沿革地図』などの書を著し、国内のみならず、清国などの情報も収集していたから、その資料も活用できたと思われる。(『水戸市史』中)

(3) 幽谷、「西土詰戎記」（未完）を著して侵略へ対応策を講ず

当時、正志斎の周囲では、外国への関心が高まっていた。かねて外国の接近に危機感を抱いていた幽谷は、寛政四年（一七九二）十一月に異国船が上陸した際の「筆談役」（異人との交渉）に任じられた。たまたま、前年に父を亡くし三年の心喪に服していた時であったが、「金鼓《きんこ》の事」（兵事）であるからと引き受け、それに対処するための具体的な方策を立て始めた。まず異国の侵略に対応してきた清国の歴史的経過を調べ、「西土詰戎記《せいどきつじゅうき》」を著すための準備をしていた。しかし完成を見ないで亡くなったが、寛政十年の序文が遺されている。（『幽谷全集』所収）

それによれば、幕府は武をもって天下を治めるに至ったが、その後の幕府は、「守成の世」となり、その体制を維持することに努め、「文柔仁弱」となり、外交においてはひたすら頭を低くし手を拱《こまね》き、和親政策を主として穏便に処置しようとしている。そこで清国の『乾隆全集』、『西域聞見録』の二書を参考にし、乾隆皇帝がその戎狄《じゅうてき》（異民族）を制圧してきた大略を記録し、『西土詰戎記』と名付けた。この書は、あえて学者などに示すものではなく、僻地にいる大志を抱く人々のために、国字を用いて読み易くした。これを読んだ者が、自覚して志を立てることを願うものである、と述べている。

(4) 海防意識の高まり

他にも外国の接近に警戒心を抱いていた人物がいた。それは立原翠軒門下の木村謙次(号は酔古軒。一七五二～一八一一)で、寛政三年、翠軒に嘆願書を提出し、北地の探検を願い出た。それには、「最近、高野陸沈の書(『蝦夷談』)を読み、外寇のことが詳細に書かれていて奮起した。今こそ自分が力を竭《つく》して命を致す時である」と、命がけの決意を述べている。

寛政四年(一七九二)十月に、ロシアの使節ラクスマンが根室に来航して通商を求めたことから、国内では一部の識者の間に危機感が高まり、海防(国防)の意識が高まってきた。

その頃、治保《はるもり》(文公)は、老中松平定信の諮問を受け、翠軒に意見を求めたので、翠軒は「三大患」として「北虜の事」について意見を述べた。この「三大患」とは、その他に朝鮮使者の招礼、一向宗のことである。(『水戸市史』中。前田香径著『立原翠軒』)

次いで治保の命を受けた翠軒は、門人から木村謙次、武石民蔵を選抜して千島を探検することを命じた。途中で仙台の林子平(号は六無斎)を二度訪ね、情報を収集した。子平は江戸の人であるが、家族との縁があって仙台藩に仕えていた。彼は『三国通覧図説』『海国兵談』を著して出版(天明六年～寛政三年)したが、幕府の対外政策を批判したので、老中定信から、一般人が幕政に介入したことを咎められ、版木を没収の上、手鎖の刑に処せられていた。

3　江戸史館勤務と「公卿表」の編修

水戸史館勤務の正志斎は、幽谷から彰考館と家塾と、両方で指導を受ける時期が続いた。幽谷は、享和二年（一八〇二）に家塾を「青藍舎」と命名した。翌年の正月に、幽谷は『大日本史』の志・表の刊修頭取を命じられ、高橋坦室《たんしつ》（広備）とともに修史の完成に務めることになって江戸に移った。

享和三年正月九日に、正志斎は格式留付列《とめつけ》（召出以上）となり、二月三日には江戸に移って江戸史館に物書として勤務することになり、再び幽谷と共に働くことになった（二十二歳）。

正志斎の史館の仕事として、文化元年（一八〇四）に、「公卿表」を編修したことが記録に残されている。幽谷の門人で、同僚の岡崎正忠（槐陰）は、正志斎の史的才能について「修史復古紀略」の中で次のように評している。

『大日本史』の年表が撰述されたのは、正徳年間のころで、「大草稿」といわれ、殆ど完成していたが、内容や名称にも問題があり、再訂が必要となり、伯民（正志斎）が担当することになった。しかし年表の編修は、「志」の編修に比較すれば、大した仕事ではない。伯民の才識は、典故・治乱を得意とするところで、この才能をもって紀伝の校訂、諸志の刊修の事を担当させないで、年表の小事を担当させているのは、誠に惜しいことである。思うに史館の管理者は、若い内に書を読み道を学び、もってその偉材を育成させようとしたのであろう。（意訳。『頭書・傍訓・大日本史』「後付及索引」所収）

このように史館における正志斎の史的な才能は、同僚からも高く評価され、その活躍が期待されていた。

なお、この年、文化元年四月には父与平が大坂で亡くなり、六月には母のゑを江戸で亡くす不幸に遭遇した（後述）。

4　中山信敬を直諫

江戸勤務となって間もなくの頃、正志斎は家老中山備前守信敬《のぶたか》の邸宅を訪ねて直談したことがあった。信敬は、五代藩主宗翰《むねもと》（良公）の末男、六代藩主治保《はるもり》（文公）の実弟で、水戸家の家老中山備前守政信の養子となり、明和八年七月十八日、家督を継ぎ二万石を賜り家老となった。

そのため水戸の家臣らも一目置いたので、とかく専権の振舞いがあるとして、幽谷一派からは批判の対象となっていた。『水戸紀年』には、「当時執政ノ諸臣モ、備前守ノ威風ニ懼《おそ》レテ、曾テ諫メルモノナシ。諸有司悉ク風靡《ふうび》ス」とある。(『茨城県史料』近世政治編Ⅰ所収)

そのことを憂慮していた正志斎は、ある日、礼服を着して信敬の邸宅を訪れ、「面折するに大義を以てす」と、憚《はばか》ることなくその専横の態度を批判した。さすがの信敬も「失色破胆」、その勢いに恐れて肝を冷やして、その後は言動を慎んだという。後日、信敬は人に語るに、彼の志気は壮大で、その言動は小柄な身体には似合わないものであると語った。それを聞いた人々は正志斎を、「寸鉄先生」と称したという。それは格言に「寸鉄、人を殺す(刺す)」(小さな刃物で人を殺す)との意味である。(「行実」)

このように、藩主や重臣に対して直言して憚《はばか》らない行為は、幽谷のたびたび実行したところであった。即ち、幽谷は心喪が明けた寛政五年に、封事を書いて長久保赤水を通じて藩へ提出しようとしたが、内容が過激であるとの理由から見送られた。それは「初度封事」といわれるもので現存はしないが、内容は水戸藩政の現状を批判し、対外策について建言したものとされている。また同九年に、「丁巳《ていし》封事」を呈上して、近世儒学者の学問態度を批判し、君主の心構えについて反省を求め、北方の外交問題などについて意見を述べたものである。このため不敬の咎《とが》により免職となって水戸へ返された。その後も、二十六回以上に及んで封事等を呈上して信条を述べた。文化八年（一八一一）四月の「辛未封事《しんび》」では、権門・巨室などによる政治の専権、士民の奢侈《しゃし》遊楽の風潮、賞罰の不公平など内政問題について正すべきことを論じている。

この幽谷の忠言と覚悟のほどは、寛政九年二月二十二日、長久保赤水からの「丁巳封事」に対する批判に応えた書簡に、

古人の言に、「臣、身の為に謀るは則ち狂、国の為に謀るは則ち忠」と申す事、御座候へば、……若し是を以て罪を執事に得候とも、少しも辞せざるところに御座候。

として、国（藩）のために勤めることは忠であり、たとえ罪を獲ても少しも恐れることではないと述べた。また追啓で、

無知無才、何の御用にも相立ち申すまじく候へども、丹心、国を愛し、敢えて譲るところ無く候、書生（学者）の義に候へば、古今を通じ、治乱を考へ、直言申し候は、分内《ぶんない》の事と存じ奉り候。（『幽谷全集』所収）

と述べ、心から国を愛し、正義のために譲ることはしない、古今の治乱を学んだことを直言することは、藩政に関わる身分ではないが学者として当然の務めであると覚悟のほどを語っている。

この幽谷の精神は、正志斎に継承されていた。ただこれは幽谷や門下生だけの特性ではなく、水戸人全般に見られる気風でもあった。その後の水戸藩の継嗣問題や斉昭に対する幕府の不当

な処罰、勅諚返納問題などでは、士民をあげて江戸に登って当局へ訴えたことなどの行動に現れている。この水戸人の気質には、さすがの斉昭も手を焼くことが多かったようである。このような正義を貫く気風は、頼房（威公）や光圀（義公）以来、醸成されてきた藩風であった。東湖も「桑原毅卿の京師へ行くを送るの序」の中で、水戸人の気質を「慷慨激烈《こうがいげきれつ》」（はげしい）と指摘し、京都の「寧静沈懿《ねいせいちんい》」（しずかで、おちついた）の風を学んで欲しいと送り出している。

5　正志斎の健康法

正志斎は、生れながら虚弱な体質で、小柄であった。幼少の頃、医者から読書を止めなければ、三十歳を超えることができないと言われたが、それならば尚更学問に励まなければならないと決心し、同時に生活態度を改め、健康に留意するようにした。

しかし、享和三年、江戸に出てきた頃、正志斎は胃病を患い、食事が取れないほどであった。そこで仙台糒《ほしいい》（干したご飯）を水に浸して食べ続けること一年。その間、一日も彰考館勤務を休んだことはなかったという。

また、正志斎は酒を大層好んだが、それも適度に飲むように気を付けていた。たまに飲み過ぎた時には、酒が醒めるまで就寝しなかったという。また寝るときには主君や両親の方へは足を向けず、床に着いてから手で腹を毎晩五千回も摩《さす》り、続けること六十年一日のごとくであったという。これが正志斎の健康法であり、三十を過ぎることは難しいといわれながら、八十二歳の長寿を保つことができたのも、並外れた精神力があったからであろう。（「行実」）

6 諸公子の侍読となる

文化二年（一八〇五）十一月一日、治保が薨去し（五十五歳）、その子の治紀《はるとし》（武公）が七代藩主となった。忌明けとなった文化四年の元旦に、正志斎は、恒例に依り、新年祝賀の七言古風二百余韻を賦して献上した。その内容は時事を評して適切で、大変評判になったという。

そして同四年十一月に、正志斎が選ばれて、治紀の諸公子の教育掛（侍読《じとう》）を命ぜられた。時に二十六歳であった。文化六年（一八〇九）には、諸公子の手跡《しゅせき》御相手にも選ばれた。

この公子の中には、鶴千代（十一歳、八代哀公、斉脩《なりのぶ》）、祧《ちょう》之助（十歳、治経、高松松平家）、敬三郎（八歳、九代烈公、斉昭）らがいた。

その後、正志斎が、文政三年（一八二〇）に馬廻組となって水戸に帰るまでの十三年間、敬三郎が二十一歳になるまで輔導が続けられた。

斉昭にとって修学の大事な時期に、幽谷の学問を継承する正志斎による輔導が、学問と人格形成に大きな感化を与え、後に、天保の改革での君臣一体となって活躍する契機となった。斉昭は正志斎を常に師として尊崇し、また正志斎は政治顧問的な存在として諮問に預かり、また積極的に意見書を呈して天保の改革を助言し、幕末非常時には水戸藩の危機を救った。（後述）

兄の斉脩（哀公）も、斉昭と同様の教育を正志斎らから受けたのであるが、しかし、後で述べるように『新論』が呈上された時の反応は鈍く、世の太平に慣れた一般人同様の危機感の薄いものであった。その生来の温従な性格と君側らの誘導に影響されたものと思われる。

それでも継嗣問題が公然と表面に出てきた時、重臣らは将軍家斉の子を世継ぎに迎える画策をする中で、密《ひそ》かに遺言を認《したた》めて、敬三郎君を嗣子とすべきことを決意して、藩祖以来の水戸の血筋を死守した功績は讃えられるべきであろう（後述）。それはまた、父治紀の遺志を継ぐものであり、「孝は父の志を継ぐより大なるはなし」（『修史始末』）とする光圀以来の教えが、修史の継続と共に水戸家の継嗣問題に現われたものといえよう。

その頃の正志斎の教育内容について知る由も無いが、幽谷の青藍舎教育に準じたものであろうことは十分に推測できる。それは治紀の薨去に際して、斉脩は「三年の心喪」に服したこと

は記録にある（『続水戸紀年』）。斉昭も正志斎に心喪について諮問して実践している。（後述）

ところで「公子に伴読」の年代について、「行実」と「略譜」では文化元年としているが、治紀が藩主となったのは、文化二年十二月の事であるから、「水府系纂」の文化四年とある方が年代的に適合する。

その「行実」に、敬三郎君は、「特に先生を尊信す。先生も亦、心を竭《つく》して輔導するもの、十七年。其の中興の諸善政の如きも、亦皆な斯に資するあり」と記し、斉昭への影響が大きかったことに触れている。

また『烈公行実』によれば、斉昭は幼少の折り、父の武公に請うて、「某《それがし》は乳母の侍養を須《ま》たず、願はくば士人を以て之に代へん」と述べた。婦人の世話を受けるよりは武士の輔導を受けたいと願ったというが、正志斎が選ばれて当時八歳の斉昭の教育担当となったのは、このような願いが聞き入れられたからであろう。

(1) 治紀の直書に応え、封事を呈す

治紀（武公）は文化二年十一月、三十三歳にして七代藩主に就くと、藩士に直書《じきしょ》を下し、藩政についての意見を求めた。翌年三月、幽谷は江戸へ召されて出張し、五月に水戸へ帰った。そ

の留守中に東湖が誕生している。文化四年、治紀は再び直書を下して大いに意見を求めた。五月に至り幽谷は「丁卯封事《ていぼう》」を呈して、庶・富・教（厚生・利用・正徳）の三事を目標とする藩政大改革の意見を述べ、改革の根源を祖宗の旧章（威・義両公の治績）に尋ねるべしと説いた。

また、正志斎もこの頃、封事を呈して直書に応えている。（「正志斎封事稿」）

これはかなりの長文であるが、その大意を箇条にすると次のようである。

① 当今、非常の事とは、北狄《ほくてき》（ロシア）が我が国へ侵寇しようとしていることである。昔の弘安の蒙古の類とは異なり、今の西洋諸国は耶蘇教（キリスト教）をもって世界を併呑しようとしている国である。初めは交易を求めて、その国に入り込み、親しみ油断させて、利を与えて人々の心を摑み、その後に不意を衝《つ》いて襲ってくるのが、彼らの常套手段である。

② 先日、ロシア船（レザノフ）が長崎に来航して通商を求めた際、これを拒絶したことを失策であったとする論が幕府にあるようである。この論が止まなければ和議交易の説が行われること必定である。結局は戦いを免れないことは明らかなことであるので、常に兵革を用いる備えをしておくことが必要である。

③ 治世の習俗を一洗して、上下共に大乱の世と思わなくてはならない。只今は英雄、有為の時である、憤然として御果断なされ、天下の諸侯のお手本となるように実行されれば、

天下の大幸と存ずる。非常の御大業を成されて、天下後世より非常の英雄と仰がれるようになることは、私の志願のみならず、祖宗への御至孝の御儀と存ずる。

以上が、正志斎の封事の概要であるが、その後も、「禦《ぎょ》侮《ぶ》ノ件」と題する文化四年七月の封事の他、数通呈上されている。

その内容を見ると、外国への警戒と対応などの考えは、後の『新論』の論に通ずるものが多い。また「天下後世より非常の英雄と仰がれる」との一文は、斉昭の「告志篇」の中で述べられた志そのものである。

治紀は、このような藩士の忠言を真剣に取り上げ、「非常の志」を抱いて意欲的に海防などの改革に取り組んだが、惜しいことに、文化十三年(一八一六)閏八月十九日、志半ばにして四十四歳で薨去した。(「正志斎封事稿」は、ペン書の写本で、文化初年から安政六年頃まで四巻。水戸史学会蔵)

(2) 治紀の薨去と敬三郎の「三年の心喪」

文化十三年九月二十八日、治紀の後を継いで斉脩《なりのぶ》(哀公)が八代藩主となった。この時、敬三郎(斉昭)は、父の喪を古礼によって行おうとして、正志斎に相談されたので、急ぎ「居喪大意」や「心喪略説」を著して呈上した。それによって敬三郎は、喪に服して食を絶ち、痩せ衰え、その姿は人々を感動させたという。時に十七歳であった敬三郎は正志斎に礼状を送った。

その日付は、閏八月二十六日とあり、薨去後七日目であった。

自分の書籍相手の師である会沢恒蔵は、誠に篤実の信儒であると思う。今、自分の喪居についていて、古《いにしえ》の居喪の大意を書写して見せてくれた志は実義というべきである。後になって見せたならば、何の役にも立たないのであるが、すぐさま気付いて持参してくれたので、大いに謹慎の助けになった。武公が、去る十九日、御逝去された時、自分も御側につきそい、心乱れて悲しくて泣き暮れていた。周りの人が食事を勧めてくれたが喉に通らなかった。只々日夜、武公の御事のみ心に思い、戸障子を閉ざし、籠居していたが、昨夜、この書を見て就寝したが、夢さめて夜更けに詠んだのが、

古《いに》しへの　喪の子のふみを　見るに猶　涙の雨に　袖ぞぬれそふ

三十五日までは筆も執るまいと思ったが、恒蔵の志が厚い故にこの趣を書してひそかに見せるから、他の人には見せてはならない。（要約。『水戸藩史料』別記上）

この後、敬三郎は孝行の証として、「三年の心喪」が終わろうとするころ（文政元年）、自ら『孝経』を筆写して報本の誠意を表した。その序文に、

厳君（父）、余に教ふるに、先づ孝経を読むを以てす。夫れ孝は誠を主とす、誠は乃《すなわ》ち徳の

本なり。故に孝を以て君に事《つか》ふれば、則ち忠、孝を以て長に事ふれば、則ち順、孝を以て万物に接すれば、則ち物治まらざる無し。（中略）余、素《もと》不敏、之を行ふこと能はずと雖も、願はくは終身之を学び、以て厳君の志に報いんと爾《しか》か云ふ。（読み下し）

と記している。

なお、この時、斉脩（哀公）も孝行の誠を尽くしたという次のような記録がある。

武公疾病の時、公（斉脩）大に患《わずらい》玉ひ、精誠をこらし蟇目《ひきめ》（弓）をなされたるに、一段と御心よく見え玉ふ。三年の内喪を慎み玉ひ、放鷹などのこと曾てなし。（「続水戸紀年」哀公下、『茨城県史料』「近世政治編」所収）

これも正志斎の教導の現れといえるであろう。

7 「三大議」と「史館動揺」

これより先、寛政九年（一七九七）に、幽谷は『修史始末』を著して、光圀の修史の精神を明らかにした。これを総裁の立原翠軒に呈したが無視されたという。

その後、幽谷は題号問題を提起し、『大日本史』の表題は、朝廷の許可を得ないで用いるべきではないと「四不可説」を主張して、翠軒と対立した。いろいろと議論の末に、享和三年に至って「史稿」とする治保（文公）の裁定を見た。その他に議論となったのは、「三大議」といわれた廃志問題（翠軒が、紀伝の校閲を先にすべきとして天文、地理、礼楽などの部門の廃止を主張）、論賛削除問題（安積《あさか》澹泊《たんぱく》の作った論評を削除）などで、翠軒らと論争となったが、最終的には幽谷らの主張が採用され、「志」の編纂は継続することになった。

この年（享和三年）、翠軒が「老病その職に堪えず」として二月四日に総裁を辞職し、次いで致仕を命じられ、五月二十四日、家督を子の甚太郎が継ぎ、二百石を与えられた。翠軒は五人俸を賜り、これより翠軒と号した。時に五十歳であった。

これより先、二月に彰考館雑務取扱となっていた桜井龍淵（安亨）や大竹雲夢（親従）など立原派の史臣も、五月二十四日、翠軒らと共に学問教授を命じられた。これら一連の史館の動きは「史館動揺」と呼ばれ、立原派と藤田派との対立の原因となった。

翠軒との師弟関係は幽谷の「丁巳封事」一件以来不仲になっていたが、ここに至って、ほとんど絶えた。三月には『大日本史』を「史稿」と改め、幽谷や高橋坦室、川口長孺、青山拙斎（延于）らが主となり、紀伝の校正と志・表の編修が本格的に開始された。

このように江戸史館の人事に大きな異動が行われた時、正志斎の江戸勤務もこれに関係する人事異動であった。
また論賛の問題については、光圀の本意から推して削除すべきであるとし、次の治紀の命で文化六年（一八〇九）に削除された。なお論賛は安積澹泊の私的な著作と扱われ「大日本史論賛」または「大日本史賛叢」と題して出版されている。（日本思想大系『近世史論集』）
文化六年二月に、関白鷹司政熙《まさひろ》から「大日本史と号して可なり」との勅許の旨を伝えられ、十二月二十四日に『大日本史』の紀伝、神武天皇から天武天皇まで刻本二十六巻を幕府に献上した。次いで十二月二十八日に同刻本を水戸の宗廟に納めた。
そして翌年、文化七年十二月一日、『大日本史』二十六巻に上表文を添えて朝廷へ献上し、関白鷹司政熙が参内して叡覧《えいらん》に呈し、光格天皇から勅諭が下された。この時の上表文「進大日本史表」は幽谷が治紀に代わって作ったもので、後の世まで名文と評された。

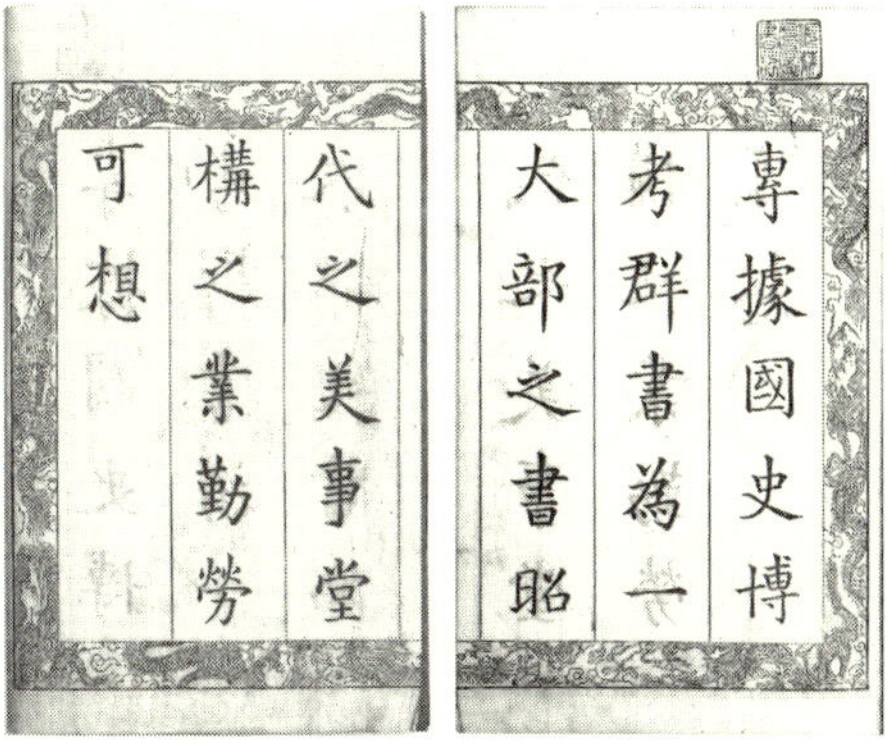

光格天皇の勅諭

光格天皇の勅諭は、漢文で書かれた短い文であるが、以後の『大日本史』の巻頭には必ず掲げられた。読み

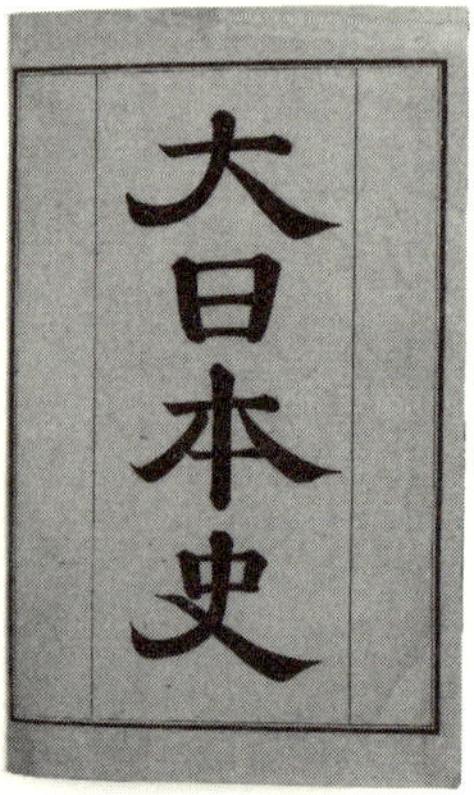

『大日本史』刊本の表紙

下し文にすると以下の通りである。

専ら国史に拠《よ》り、博く群書を考へ、一大部の書を為す。昭代の美事、堂構の業、勤労想ふべし。

この意味は、「日本の歴史を研究し、多くの記録や書物を検討して、大日本史が編纂され、それが献上されたが、実に見事なことである。長い間、編纂を続けてきたその苦労は大変なものであったろう」という労りの賞詞であった。

8　文化三年に再び題号の問題

享和三年（一八〇三）に『大日本史』は「史稿」と改称することが決定し、文化六年（一八〇九）に『大日本史』の題号は光格天皇から勅許を得たのであるが、その以前、文化三年（一八〇六）に『大日本史』の印刷に当たって、再び題号の問題が起こっていた。その時の正志斎の議論は幽谷の論を、名分論の立場からさらに一歩深めたものであった。

正志斎は、先の幽谷の「四不可説」に基づいて、さらなる建議を呈した。（「小林子敬・岡崎子衛

に与ふる書」「校正局諸学士に与ふの書」『会沢正志斎文稿』所収）

それを要約すると次のようである。

大日本史の名を朝廷より賜るところであれば、本藩としては僭称の問題はないように見えるが、この大日本史の名は、国体上から見るとき問題がある。これによりシナの易姓革命の国と区別ができなくなる。従って、朝廷もこの名を賜るべきではない。

さらに、

日本というのは、外国に対していう言葉であり、「史稿」と称するのが最も国体に沿った題号である。この「史稿」を朝廷に献上し、名を賜れば、「稿」の一字を去り、「史」と称するのがよいであろう。それにより「名、正しく、言、順にして」（「正名論」）、名分が正しく行われるのである。幸いに朝廷の大典と並び称せられることになれば、則ち義公の待望したところとなる。

と述べて、幽谷の「史稿」説を後押ししたのであった。しかし、正志斎の主張は採用されなかったが、「然れども当時、其の識見宏大、引據正確に服せり」と述べて、正志斎の識見が高く評価されたとしている。（「行実」）

五　父母の逝去と結婚

1　父母の逝去

享和三年（一八〇三）七月、父の与平が、大坂蔵方の役となって大坂へ赴任する途上で病気になった。その報せを受けて正志斎は心配していたが、翌文化元年二月、重病との報せに、直ちに大坂へ赴いて看護したが、その甲斐もなく四月二十日に五十八歳で世を去った。

正志斎は、取り敢えず、遺骸を大坂の藤井寺に仮埋葬して江戸に戻ってきた。それから二か月後の六月二日には病床に伏していた母も、後を追うかのように四十六歳で亡くなった。母の遺骸は、江戸に仮埋葬した。その父母の死去の間はわずかに四十日ほどであった。

正志斎は、大坂、江戸と東奔西走し、その心労は大変なものであったが、その葬祭に際しては善く古来の礼制により執り行った。それからの正志斎は、幽谷の先例に従い、「三年の心喪」

に服し、酒肉を口にせず、詩や文章を作らずという生活が、文化三年（一八〇六）までの二年余月間に及んだ。正志斎は、忌日の日には何時も来客を断り、斎戒して父母を追慕した。その姿はあたかも数日前に父母を失ったかの様子であったという。

また、例年元旦、藩邸内における新年の儀式が終われば、必ずまず墓参することを恒例とした。それを見て、幽谷は、「大舜《しゅん》は五十にして慕ふと。余、伯民において亦云へりと」と言って、シナの聖王舜が父母に仕えた大孝行に匹敵する態度であると評した。

また二十二年後に幽谷が亡くなった後は、その忌日には酒肉を食せず、それを終生続けたという純孝の態度を示した。（「行実」）

(1) 三年の喪は孝心の表現

儒教礼典に基づく親のための喪は、「足掛け」三年で、実質二十七カ月（または二十五カ月）で、三年の喪は、子の孝心の表現である。「心喪」とは喪服を着ないで、心の中で喪に服することで、以前は弟子が師の喪に服する場合にいったが、親の喪においても行われるようになった。

後年、正志斎は、幽谷が父の葬儀に際して著した『二連異称』を出版する時、「二連異称序」を書いた。（『会沢正志斎文稿』）

その中で、自分の父母の死に際して、『二連異称』を「一字一涙」で読み、不肖の身であっても必ず純孝の姿勢を貫くことを誓った。それも幽谷先生の至誠の賜物であると記している。そのような正志斎は、父母が大坂と江戸と別々に埋葬されていることが、常に気にかかって、一時も心が晴れることがなかった。その当時は経済的理由から水戸に埋葬することができなかったのであるが、その後、生活を切り詰めて費用を工面し、十五年後に長年の思いを果たす時を迎えることになる。

(2) 「水戸見聞録」にみる正志斎の祭祀の様子

久留米藩士の村上量弘（守太郎）は、天保十三年から翌十四年まで水戸に遊学し、正志斎の塾で一年余にわたって教えを受けた。その時の記録「水戸見聞録」の中に、

会沢先生は御小姓頭の兼職にあり、御祭の節は前夜より潔斎して、早暁より御廟へ詰められた。また自身の家では必ず礼服を着て朔望（一日と十五日）の供物などを致している。藤田次郎左衛門（幽谷）は食物を祭っていたので、会沢先生も先師の意を承け、毎日食物を祭っていると聞いている。（意訳。久野勝弥編『他藩士の見た水戸』所収）

という記載があり、正志斎が先祖の祭祀を重んじた生活の一端を窺うことができる。

2　結婚して新たな家庭を持つ

父母を一時に失った正志斎は、悲しみの日々を過ごすことが多かったが、文化七年（一八一〇）三月七日、二十九歳の時、中間頭格《ちゅうげんかしらかく》小林半兵衛（佑政）の長女元《もと》と結婚し、新たな家庭を持つことになった。三人の男子が生まれたが、長男・次男が早く亡くなり、三男の璋（熊三）が嗣子となった。六女の内、長女の五百《いお》は村田理介正興に嫁ぎ、次女は早世、三女の類《るい》は秋山長太郎興に嫁ぎ、四女の菊は早世、五女の久《ひさ》は海保帆平芳郷に嫁ぎ、六女は早世であった。

3　帰葬の旅と祖先の旧跡訪問

父母の死去から十五年後の文政二年（一八一九）に、正志斎は三十八歳となったが、ようやく費用の蓄えができたので、大坂に仮埋葬したままの父の亡骸を郷里へ引き取るために、休暇を賜り三月四日に江戸を出発して大坂に旅立った。この旅には姉の夫である都築惟貞《つづきこれさだ》が同行した。まず伊勢神宮（八咫《やた》の鏡を祀る）に参拝し、熱田神宮（草薙《くさなぎ》の剣を祀る）、吉野（後醍醐天皇の行宮《あんぐう》）を経て、橿原《かしはら》（神武天皇御陵）から京都に向かい皇居（八尺瓊《やさかに》の勾玉《まがたま》を奉侍）を拝して、遂に大坂に至った。そして長らく異郷の地に留まっていた父の柩《ひつぎ》を奉じて帰り、四月十九日に水戸城西千波原の先塋《せんえい》に葬ることができたのである。（千波町、本法寺）

その時の日記「西行日録」には、「是より心中多事、復た之を記するを欲せず」として、大坂に着いてからの記事は見られないが、付録の「西行詩稿」には、父の住居の跡を訪ね、「余亦嘗て来り先人の疾に侍す。今又再び来り、目撃感有り」として詩を賦している。次いで翌三年九月二日に母の柩も江戸から水戸へ移し、その傍らに埋葬した。

この関西への旅は、「三神器在る所、皆躬《みずか》ら其地に詣《いた》る」（「西行日録」）と記されているごとく、大坂に至るまでに、歴史的な聖地を巡り、国体の尊厳を自らその地において実地に感じ得たことは、後の『新論』の執筆などに大いに参考になったことであり、もう一つの有意義な旅行であったといえる。

それから三年後の文政五年（一八二二）六月十一日、正志斎は、宇佐美蘋亭《ひんてい》（充）、飛田逸民（勝）ら幽谷門下の同僚を誘って、駿河方面へ旅して、祖先の旧跡と名勝を訪ね、賢臣・名相の旧跡を実地に見聞して、帰途に富士山に登り七月五日に家に帰った。時に四十一歳。

三年前に大坂に旅した時は、父の亡骸を水戸へ埋葬するためであった。次いで母の帰葬も済ますことができて長年の胸の支えも取れ、翌年には塾を開いて幽谷の志を継承する基礎もでき、内外の懸案が一挙に解決し、ここに祖先の旧跡と名勝を訪ねる余裕ができたのであろう。

この旅について、「行実」に、

遂に、富嶽に登る。剣峰に踞《きょ》し、瓢酒《ひょうそん》を傾け、横笛を弄《もてあそ》ぶ。清韻逸発、山石裂くべし、人驚きて以て神仙と為す。

と記して、大いに浩然の気を養った様子が知られる。持参の瓢簞《ひょうたん》の酒を傾けたというのは当然のことであるが、正志斎が横笛を吹いたというのは珍しい記事である。後年、「偕楽園記」の中に、横笛を吹いて浩然の気を養うとあるが、当時の武士の嗜みであったのであろうか。

この旅については、かつて寛政七年（一七九五）に幽谷が、翠軒に従い、京都、奈良、大坂、伊勢に旅し、帰途富士に登ったことがあったが、正志斎の二度目の旅は、やはり幽谷の話を聞いて、実地にそれを体験したものであろう。

その間に、正志斎の身分も次第に昇進し、文政三年（一八二〇）四月十二日、馬廻役となって江戸から水戸へ帰った後、同六年十二月二十五日には、進物番上座（四十二歳）となり、史館勤務が続き、この時、大竹親従と共に、総裁代役を命ぜられた。時に、幽谷は江戸史館の総裁であった。文政十二年五月十九日、総裁川口緑野を弾劾して史館勤務を免じられて、学問教授になり、再び史館に復職するのは斉昭の天保二年十月二十九日のことで、その時は彰考館総裁の地位であった。

4　開塾して教授を始める

父の遺骸を水戸へ帰葬し終えた翌年の文政三年（一八二〇）五月、正志斎は父母の霊に導かれるように、十七年ぶりに水戸へ帰ってきた。

藩の規定によれば、馬廻以上でないと藩主の経筵《けいえん》（藩主が講義を聞く席）に出席することができない。当時の政治は重臣らの意向に支配されていたので、紀綱は紊乱《びんらん》し、風俗は頽廃していた。これを慨嘆し、正志斎はそれを改めるようたびたび提唱していた。従って今回の人事は正志斎を藩主から遠ざけるための敬遠の策であったといわれる。その結果、十三年間にわたる敬三郎君などの諸公子の輔導係を解任されることになった。

水戸へ帰った正志斎は、初め増山某の家を借りていたが、八月に鯉淵固次の家に移った。その書斎に命じて欣賞斎《きんしょうさい》と名付け、遂に塾を開いて子弟を教授することになった。教育者としての正志斎の勤めが、諸公子教育から引き続いて、ここに始まるのである。

当時において、正志斎の学識をもってすれば、三十九歳での開塾は決して早いとはいえない。しかし、二十二歳で江戸勤務となり、やがて諸公子の教育掛となり、その育成に精力を傾注することになったため、江戸勤務中の開塾は見送らざるを得なかったのであった。

これより正志斎は、平日は水戸史館で『大日本史』の編纂に励み、帰宅後は門人の指導に当るという生活が始まった。

(1)「師承の学」の実践

正志斎は、「藤田家の学を伝える者」として期待され、自らも幽谷の教えを忠実に継述しようとした。『及門遺範』に見られるように師の教えを詳細に記述したことは、自らもそれを実践してきたことを示すものである。

この開塾した文政三年には、幽谷はすでに四十七歳を迎え、正月には病気のため自宅療養に専念していたから、実質的に塾での指導は困難であったと思われる。その時、東湖は未だ十五歳であり、三十九歳の正志斎は、青藍舎の教育を受け継ぐ決意をして開塾したのではないかと思われる。幽谷の推奨を得ていたことは当然のことであろう。

水戸市南町の屋敷跡に建つ正志斎像（一部）

(2) 塾名を掲げなかった理由

正志斎の正式な塾名については、なぜか明らかでない。塾名があれば、自ら塾記を著し、門人の記録にも記載されているはずである。しかし塾名が明らかでないということは、正志斎はあえて掲げなかったものと思われ、それには何か理由があったに違いない。恐らくは、幽谷の心中を察した上で、「青藍舎」の継承を誓い、その分塾の気持ちで開塾したとすれば、敢えて独自の塾名を掲げなかった理由も理解できよう。幽谷は、それより六年後の文政九年（一八二六）十二月一日、五十三歳で病歿したが、その開塾は、藤田学を託した幽谷の遺命でもあったのかもしれない。これは『新論』を見た幽谷が、これで思い残すことはないとまで言わせた正志斎への信頼感があったからでもある。

そのため正志斎の塾は、城下の南街《なんがい》（南町）にあったので、「南街塾」とか「正志斎塾」などと通称されていたようである。（加藤桜老、安達清風などの記録）

六　イギリス人、大津浜上陸事件

1　斉脩と異国船の上陸

斉脩《なりのぶ》（哀公）は、初め義公光圀の再来とまで期待されたが、重臣らの懐柔策により次第に改革の意欲が薄れ、高まりつつあった藩内の気風も再び低下していった。（「続水戸紀年」）まもなく文政時代に入り、幽谷は斉脩のために、たび重なる封事を上呈した。しかし、藩内は保守的な重臣らによる支配が強まり、治紀《はるとし》の時代とは違い、幽谷の意見も容易には通らない状況になってきた。

一方では、文政五年（一八二二）頃から異国船が常陸の沿海に出没する頻度が高まってきた。同年四月、イギリス捕鯨船が浦賀に漂着して、薪水を求めたとの情報に接した幽谷は、直ちに「偶作」と題して詩を作った。その「詞書《ことばがき》」に、異国船の来航は、表向きは「漂泊」（漂流）としているが、実体は、我が国の防衛の実情を探るためである。この時、為政者らは、手を拱《こまね》いて安心しきっていると述べた。

幽谷や正志斎らの説く海防策は、彼らのアジア侵略の野望を見抜いた上での、深刻な危機感を抱いて提唱したものであったが、藩主及び重臣らは極めて危機意識が薄く、自ら努力して対策を講ずることをせず、当面の平安を求める事勿れ主義の日々であった。

そこで正志斎らは、幕府の反省と自覚を促すために、幕府創立時代の鎖国政策を取り上げ、幕府が断固としてポルトガル、イスパニアの宣教師などを追放し、邪教とするキリスト教の布教を阻止した事績を述べ、その創業時代の勇断を想起すべきことを説き続けたのである。

2　大津浜上陸事件と『諳夷問答』

(1)　イギリス人上陸事件と水戸藩の対応

文政六年(一八二三)頃になると、異国船の水戸領沿岸への出没が繁《しげ》くなってきた。六月には那珂湊沖に、あるいは日立地方の川尻、水木《みずき》の沖にも現われ、中には漁師が異国船に乗り移り、酒や菓子、器物などを貰って帰るものまで出て来て騒ぎとなった。

藩ではその対応に追われ、「鹿狩《しかがり》」の武装で、武具を携えて湊に詰めることになった。

幽谷は文政六年六月二十九日、斉脩に異国船について建白した（「癸未《きび》封事稿」）。その中で、「異国船の事は、天地の一大事変であり、我が国始まって以来の危機である。世間では、異国船を捕鯨のための漁船であるとか、交易船であるとか言って、あまり問題にしていないようであるが、実は大変な間違いである。その目的より推察すれば、交易船というのは、西洋列国の侵略の一手段である。彼らの来航は、昔の蒙古襲来に百倍する禍害である」と述べた。そして「異賊上陸」があってからでは遅い、どうか藩主自ら水戸に帰国され「早速非常の御雄断を御発し遊ばされ」藩内の耳目を一新して欲しいと上書した。

間もなく幽谷が恐れていた「異賊上陸」の事件が起こった。文政七年（一八二四）五月二十八日、異人らは二隻の大船を沖合に停泊させ、二艘のボートに乗って十二名が大津の浜（北茨城市）へ上陸した。異国船からは時折、大砲を打つ音が聞こえたという。

大津は付家老中山氏の知行地であったので、多賀郡手綱《てずな》（高萩市）の陣屋から役人を派遣して上陸した異人を捕らえ、水戸と幕府に急使を出して事件を知らせた。

水戸からは、先手物頭《さきてものがしら》をはじめ、目付、徒目付、筆談役、大筒役ら数十人の藩士が現地に急行した。また大津のほか川尻、湊へも一隊が派遣された。中山氏はじめ近隣の藩からも多数の武士を出し、大津の浜は、さながら戦場のようであった。また筆談役として正志斎と同門の飛田逸民（勝太郎）の二人が派遣された。この時、水戸藩兵および近隣諸藩の兵が二千名近く出動している。

(2) 筆談役・正志斎、異人を訊問

六月三日と五日の二回にわたって筆談役による異人への訊問が行なわれた。正志斎らは、初めはロシア人とばかり思っていたところ、言葉が全く通じないため、手まねや世界地図による苦心の筆談の末、初めてイギリス人であることがわかったという。

その筆談により、彼らの渡来の理由を問い糺《ただ》したところ、捕鯨のためだと言う。しかし正志斎は、捕鯨のためであることは事実であろうが、その本当の目的は他にあるとして、その実情を問い詰めようとしたところ「モリノ図ナトヲ画キ」、他に話をそらしてしまったという。

そして更に、各国の国旗のこと、西洋諸国間の戦争の状況などを聞き出し、イギリスの侵略の手が、既にインドから東南アジアに及んでいることを察知し、その上で再度、日本渡来の目的を尋ねたところ、中の一人が、地図を指さして、日本から、イギリスまでの海路を手で何度も撫でたので、正志斎は、我が国を服従させようとしている意味だと了解し、憎むべき態度で

あると憤慨した。（『諳夷《あんい》問答』）
この時の正志斎の様子について「行実」に、「先生、素より蘭字（オランダ文字）を諳《そら》んず。且つ書し、且つ詰《つ》む、声色ともに厲《はげ》し、夷、屈伏す」とある。正志斎は、初め異人らにオランダ語で話しかけたが、全く通じなかったので、筆談したこと、中々本当の事を話そうとしないため、声を荒らげて厳しく詰問したので、遂に屈伏して本当のことを話したというのである。

イギリス船員を拘束した洞窟跡

かつて中山備前守の宅を訪問して、その越権の態度を忠諫した正志斎は、「寸鉄先生」と称されたが、かねて異人の横暴な野心に憤りを抱いていた正志斎は、この時も、大柄な異国人に対して小柄な身でありながら、物おじ一つせずに、恐らく刀に手をかけて一刀の下に斬り捨てんばかりの気魄をもって臨んだと想像される。
それは東湖（十九歳）が幽谷の命を受けて、異人を斬り捨てに行こうとして未遂に終わったが、その義気に相い応ずる態度である。東湖が『回天詩史』中で、「三たび死を決した」中の第一回目であった。正志斎は出発する前に幽谷からいろいろと助言を与えられていたことであろう。それらは『諳夷問答』などでの筆致によって充分に察せられる。

この時に、東湖のみならず、有志の中には、家族に別れを告げて、切歯扼腕して大津浜へ赴こうとする者があった。その一人、丹太一郎は「虜、大津に来り陸に登る。君、その変あることを慮《おもんぱか》り潜行してこれと格闘せんと欲す。必死を以て自ら誓ふ。その海に下《くだ》すを聞き止む」と記している。(「一郎兵衛丹君墓表」『会沢正志斎文稿』所収)

(3) 幕府代官、異人を釈放、『諳夷問答』を執筆

六月七日には幕府代官古山善吉や蘭学者の通辞吉雄忠次郎、天文方高橋作左衛門ら一行が到着して、異人の訊問に当たった。その結果、異人一行はイギリスの捕鯨船員で、薪水を乞うための上陸であったとして、幕吏の指図で同月十一日に釈放した。この時の幕吏の処置を手ぬるしとして憤激する者が多くあり、「何ゾ温柔ニ処シテ免《ゆる》シテ帰ラシムルヤト云テ、士人憤激シテヤマズ」と記録されている。(「続水戸紀年」、『茨城県史料』所収)

正志斎は、訊問を終り、『暗夷問答』を書き記した。その付録の「弁妄」において、

眼前に数艘停泊して漁事をなすさへ悪《にく》むべきに、上陸さへして物を乞ふに至れり。神州を

蔑如《べつじょ》せし事是れより甚しきはなし。然るを神州の人にして枉《ま》げて彼を捕鯨の物等と云なす事、寇賊《こうぞく》に荷担すと云も其罪逃れ難《かたか》るべし。

と述べて、英人らに侵略的意図があることを確信し、彼らを捕鯨のために来たなどということは、侵略者に味方するものであり、その罪は逃れ難いとまで言い切り攘夷論を主張した。

(4) 有志、盛んに攘夷的意見を著す

この時、水戸藩の士民有志の間に、攘夷的意見が盛んに起こった。青山拙斎は「蕃船記事」(文政六年)の中で、奢侈《しゃし》を競い太平の夢をむさぼる現状を批判し、藩政の改革と海防の強化を主張した。また、豊田天功も「禦虜対《ぎょりょたい》」を作って、キリスト教の侵入を防ぎ、すぐれた日本の国柄を護らなければならないと言って、攘夷的見解を明らかにした。同じく筆談役に命じられた飛田逸民の「異船筆譚記」にも状況が詳しく記録されている。正志斎の『新論』の執筆もこのような情勢の中で進められていったのである。

(5) 幽谷、正志斎の異人訊問の手際を称賛

幽谷は、正志斎の異人との筆談の処理の仕方を称賛し、かつて新井白石が密入国したローマ

の宣教師ヨハン・シドッチを尋問した以来の手際《てぎわ》の良さであると称賛した（文政七年六月六日、「甲申呈書」）。白石は、その結果を『西洋紀聞』『采覧異言』に著したが、キリスト教のことが記載されていたため秘書の扱いであったが、識者の間に筆写されて伝播した。

このような水戸藩始まって以来の大騒動の中で、藩主斉脩は、幽谷への親書で次のように述べている。（文政七年六月六日、「哀公より幽谷への親書」『幽谷全集』所収）

異国人のことに関する意見は、尤《もっと》もには思うが、先達て（文政元年）浦賀へ着船したことと同様の様に思われる。その船は全く水や薪等を求めて来たまでのことであった。さし当たり何らの問題も無いと思う。これは「から《（漢）》学者は畏《おそ》れすぎ、武人はあなどりすぎ候様にこれあり候」（意訳）

このように全く危機感を感じない様子の藩主からの書状であった。

この批判に対して幽谷は、漢学者の内にも種々の者があるとして、「稽古徴今、国体に通達し、よく天下の憂ひに先《さきだ》つて憂へる者」もあり、一方、文章や詩文の出来栄えを競う「曲学阿世の徒」もあるといって抗議の意向を述べた。

この間の経緯は、東湖の「先考次郎左衛門行状」、『回天史詩』にも詳述されている。

七　『新論』の執筆

1　『新論』執筆の契機

享和元年（一八〇一）の『千島異聞』著作以後、文化元年（一八〇四）にレザノフの来航と北地での襲撃事件により対露関係は悪化したが、その後はロシアの国内状況の混乱のため、しばらく我が国に来航しなくなり、一般人からは北方問題は忘れ去られていた。その後、ロシア人に代わって、南から来たのはイギリス人であった。

正志斎に『新論』の執筆を決意させたものは、文政七年五月の大津浜上陸事件であった。正志斎は自ら筆談役としてイギリス人を取り調べ、その野望を見抜いて『諳夷《あんい》問答』を著した。

前述のごとく、幽谷は藩主に意見書を呈上し、また門下の豊田天功、杉山復堂、同志の青山延于、小宮山楓軒などは、異国船警備に対する海防策を積極的に表明し、水戸では士民の間に攘夷的意見が一気に噴出した。

このように藩政改革論、海防対策の強化論、攘夷的気運が盛んになる中で、幽谷門下の筆頭である正志斎は、『千島異聞』の執筆、英人への直接訊問、幽谷の封事や同僚の意見などを踏まえ、また蒲生君平の『不恤緯《ふじゅつい》』などを参考にして、長年の腹案を『新論』上下二巻の大作に集約した。その完成は文政八年三月で、時に四十四歳であった。

その『新論』を読んだ幽谷が、その内容に満足し、「正志斎がこのような仕事をしてくれるのであれば、思い残すことはない」と言って嘆賞し、また門人の寺門謹は、「一生の精力、半《なかば》は此の書に在り」と記し、これ以後の正志斎の多くの著作は、その敷衍《ふえん》または補遺的な意義を持つものであると述べている。（「行実」）

本書は幽谷の手を通じて、藩主斉脩に呈上された。斉脩は一読して感服した旨を伝えると共に、差し障りもあるからと公表を禁じ、内々で流布した場合にも姓名は出さないようにとの注意を与えた。その理由の一つは、斉脩の楽観的な外交観と異なるためであり、もう一つは、幕政への批評、特に外交政策について厳しい指摘や提言、さらに水戸学伝統の尊王思想の主張が各所に見られ、これが公になれば幕府の嫌疑を招き兼ねないとしたためであろう。かつて林子平が『海国兵談』を出版し、処罰された前例があったからでもある。

正志斎としては、この危機に際して、御三家の水戸家が率先して幕政の改革に邁進していくことを願ったのであった。しかし、斉脩の楽観主義と事勿れ主義の重臣らにより阻止されて叶わなかった。

このため本書は、「無名氏」の著として、ひそかに門人や有志の間に広まっていったが、公刊されたのは三十三年後の安政四年（一八五七）であった。

2　『新論』の構成と献策の趣旨

『新論』の内容は、「国体」（上・中・下の三篇）、「形勢」・「虜情《りょじょう》」・「守禦《しゅぎょ》」・「長計」の五論・七篇から構成されている。

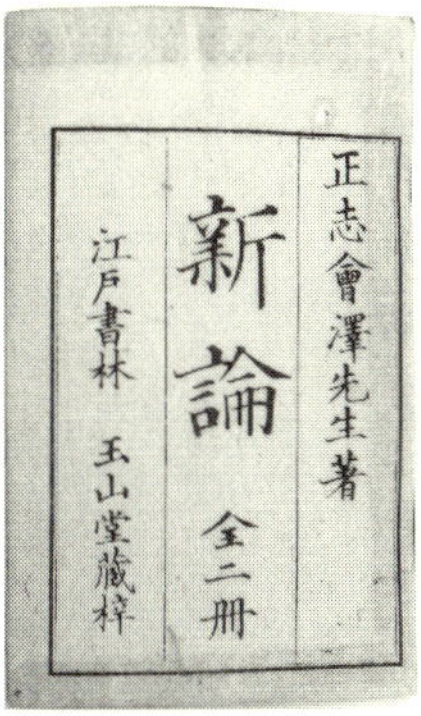

『新論』表紙

「国体」の三篇では、我が国の国家体制の在り方を、国家の成り立ち（上）と、兵制（中）と、経済制度（下）の三方面から、それぞれ歴史的に叙述している。

次の「形勢」篇では、世界の情勢を大観し、「虜情」篇では、諸外国が侵略の意図を抱いて我が国に迫りつつあることを述べ、その危険性を強調した。「守禦」篇は、この外敵を防禦するために必要な軍事上の対策を述べたもので、最後に再び根本に立ち返って、国家の発展を計る長期的で遠大な計画を立てようとしたのが、「長計」篇である。

3 『新論』の内容（『日本思想大系』「水戸学」所収の『新論』による）

『新論』は今から二百年ほど前に書かれた経世の書であるが、文明が格段に進歩した現代社会にどれほど参考になるのか、疑問を持つかもしれない。しかし、「温故知新」（『論語』）「彰往考来」を掲げて『大日本史』を編纂した光圀の精神に見られるように、時代を越えた不易の教えというものがある。次にこの書の中から、主な論点を抄出してみたい。

(1) 天皇の統治する国

序論の冒頭に「神州は太陽の出づる所、元気の始まる所」と書き始めた。我が国は、大陸の東に位置し、太陽が昇り、元気の始まるところであり、天祖（天照大神）の血統を継ぐ天皇が天下を統治し、現在に至るまで変わることがない国である。

(2)　国防の要点は、自ら守る決意が先決

世間の論者は、欧米人といっても単なる野蛮人であり、その船は商船・漁船に過ぎず、我が国に大きな禍いとなるものではないなどと言って油断している。『孫子』の語にあるように彼らが攻めて来ないことを恃《たの》みにしてはならず、我が国が十分な備えをして攻め入る隙を見せないことが大事である。（「序論」）

(3)　仁愛をもって治め、「億兆心を一に」する

帝王（為政者）は、権力や武力をもって「万民を畏服《いふく》」させることではなく、仁愛をもって治め、「億兆心を一に」することが政治の基本である。「億兆」とは国民のことである。（「国体」上）

(4)　「本に報い祖に反る」

昔、天祖は神道を教えとし、忠孝を人の守るべき道と定められて、天下を治める基本とされた。歴代天皇が祖先への大孝を表すために山陵を祀り、儀式を尊ぶのは、誠敬を尽くすためである。その儀礼の中で、最も重要なものが大嘗祭《だいじょうさい》であり、「本に報い祖に反《かえ》る」（報本反祖）道である。（「国体」上）

(5) **武をもって建国**

我が国は、武をもって建国し、不服の蛮人を武力をもって征伐してきた。近世に至り尚武の精神が失われ、武士が軟弱化したが、今こそ士風を復活しなければならない。（「国体」中）

(6) **豊葦原瑞穂の国**

我が国は、豊葦原瑞穂《とよあしはらのみずほ》の国と称した。天照大神は国民の生活を重んじられ、初めて万民の衣食の基を開かれ、稲作と機織《はたお》りの技術を授けられた。国民はその賜物を受け、限りない恩沢に浴している。また国土も五穀の生育に適していたことも幸せなことであった。（「国体」下）

この論は、後に日米修好通商条約の調印に際して、正志斎が封事（封事稿）の中で、我が国は産物に恵まれていて通商は必要がないこと、外国には国産に偏りがあり、不足の産物は海外からの輸入に頼らなければならない貿易立国とは違うことを建言した根拠となっている。

(7) **欧米諸国は学問や科学が発達**

欧米の諸国は近世に至り大いに学問や科学が発達し、二百年前の幕府創設の頃とは異なる。我が国はかつては「四面皆な海にして、号して天険」としてきたが、今や欧米人は巨艦・大船を造り、数万里を疾走し、我が国の至る所へ容易に外国船が侵入することができる島国となった。（「形勢」）

(8)　**侵略の方策は交易・通商から**

彼らの侵略の方策は、まず交易・通商を求めて来航し、その国の防衛の状態を調査し、隙があると思えば、直ちに大兵を挙げて奪いにくる。それが不可能であると知れば、邪教（キリスト教）を国内に布教させ、国民の心を邪道へ誘い込むという手段を使う。近来は、特にロシア・イギリスを警戒する必要がある。（「虜情」）

(9)　**漁船や商船は戦艦となる**

外国船は堅牢な大船で、今は漁船や商船であるが、常に大砲や銃砲を備えており、後日には戦艦となることを恐れ、警戒しなければならない。（「守禦」）

(10)　**蝦夷地や東南諸島を軍事拠点とす**

彼らは、蝦夷地や小笠原諸島、八丈島などの東南諸島を占領し、軍事拠点としようとしている。その蝦夷地や東南諸島などは、我が国の防衛に極めて重要であるから、幕府は時に役人や兵を派遣して巡視し、現地の様子を常に把握して置かなければならない。（「守禦」）

⑾　幕政の改革案——四大項目と七細目

我が国を護るためには、国内の改革が先決である。それには「内政を修む」、「軍令を飭《ととの》ふ」、「邦国を富ます」、「守備を頒《わか》つ」、の四項目が重要である。

「内政を修む」とは、①「士風を興す」（恥を知る廉恥の心を奮励すること）、②「奢靡《しゃび》を禁ずる」（奢りや無駄を省くこと）、③「万民を安んずる」（商人を抑制し、農民を保護すること）、④「賢才を挙ぐ」（天下の俊豪を抜擢すること）などである。

「軍令を飭《ととの》ふ」とは、特に、「兵衆を増す」（武士の城下集住を止め、土着の制を用いること）、「訓練を精にする」（兵士の訓練は、実用を主とし、肝力を練り、機に臨み変に応ずるようにすること）などが重要である。

「邦国を富ます」とは、領内の士民に天下が非常時であることを知らせて緊張感を持たせ、贅沢を禁じ、士民の生活を安定させることなどに努めることが重要である。

「守備を頒つ」とは、国内の重要な地域を特定し、諸藩に防備を分担させる。特に京師、伊勢、熱田の地は、三種の神器を奉安するところであり、また、江戸と大坂は海に近い地であるから、長崎と同様に重視すべきである。（「守禦」）

⑿ 防禦の方策として五条目の創設

天下の英雄といわれる人は、常に時勢の動きに深い考慮を払い、万一の場合に応ずる方策を胸に収めているものである。今日必要だとすれば、先例に拘わらず、万難を排しても直ちに行うべきである。そこで自分の考えを述べてみたい。

① 屯兵・斥候・水兵・火器・資糧の五つを創立・整備すべきである。

「水兵を繕《おさ》む」とは、我が国も船艦を造り、操縦の技術を修練すること。「火器を練る」とは、我が国でも大砲、楯、弓弩《きゅうど》などの兵器の製造と訓練を急ぐことが緊急の課題である。

② 戦いを畏《おそ》れぬ覚悟を持つこと。

歴史上に見ても、「戦いを畏る」といえば、子供でも弱国であることを知る。建国以来、武を用いる堂々たる国であるのに、「今や狼顧《ろうこ》して戦を畏るるの俗となす」は、また羞《は》づべきことではないか。

③ 人君の態度により天下の智勇の士も奮起す。

昔の君主は、大事を為そうとする時は、必ず奮起して、自ら天下に先立ち、早朝より深夜まで政庁に在り、天下の大事を謀り、時には兵営を巡視して激励し、廷臣を率いて大計を論ずるなど、その大志を披瀝して、天下の人々と憂いを同じくするのである。このようであれば、「天下の智勇の士も、また皆奮然として赤誠を輸《いた》し」、「忠力を宣《の》べ」、東西に奔走し、尽力するのである。（「守禦」）

⒀　**天地は活物であり、時により論策は変化するもの。**

「謂《おも》ふに天地は活物なり、人もまた活物なり」であり、今日の論策もまた明日には変わるであろう。その時の情勢の変化に対応して政策も変化すべきものである。（「跋文」）

以上、『新論』の論点を要約したが、その主眼は、国体を自覚し、欧米列国の侵略の意図を明らかにして、国民の危機感の高揚と奮起を促し、国論を統一して、国力の強化を図るというものであった。この論策は、次の藩主斉昭が「戊戌《ぼじゅつ》封事」（天保九年）を将軍家慶に呈して幕政の改革を進言した中に『新論』の提言が強く反映されていることが確認できる。またペリー来航後、海防の幕政参与となった時、「海防愚存」を策定する際にも、参考にされたことが窺われる。この時になってようやく正志斎の至願が叶ったものといえよう。このように、欧米列国の情勢もまた大きく進歩し、それに応じてその対応策も変化してくるのである。

いわゆる後期水戸学の基本となる思想は、早くは藤田幽谷により提唱されていたが、それを国体論を強調して一段と発展させて、尊王攘夷思想を整然たる理論体系に構成したものが、『新論』である。

またこの書は、世界の大勢を理解した上で、理論が展開されているところに特色があり、世間一般の攘夷家の論と一線を画するところである。

そして論中にしばしば『孫子』の兵法が引用され、世界の情勢を中国古代の春秋、戦国時代と同じ状況と見なして、兵法家、戦略家としての見地から立論しているところにも特色がある。正志斎は早くから兵法書を研究していたので、自然とその目が養われてきたのであった。

この書には正志斎の歴史家、経世家、そして戦略家としての策略が具体的に論じられていて、それは基本的に今日でも採用すべき多くの提言がみられる。

4　幽谷の評価

文政九年（一八二六）、幽谷は藩主の諮問に応えるため江戸に在った。水戸から届けられた『新論』を子息の東湖に読ませて聞いていたが、一篇が終わるごとに、深くため息をついて誉め称えて言うには、「自分は年老いてきて、恐らくは執筆して自分の志を述べ尽くす余裕は無いと思うが、正志斎が、このような著述をしてくれるならば、もう何も思い残すことはない」と、後事を全て正志斎に託しようとする胸中を述べたという。これは東湖の「飛田子健への書」の書中にある一文である。(『東湖全集』所収)

5　幽谷の逝去と彰考館総裁代役

文政九年八月、幽谷は、正志斎の『新論』を見て満足し、藤田学の完成を正志斎に託して水戸に帰った。その年の暮れ、かねて病気療養中であったが、十二月一日、水戸の自宅において急逝した。東湖は江戸から急行したが臨終に間に合わなかった。五十三歳であった。

このため彰考館総裁は青山拙斎(延于)一人となり、すでに文政六年(一八二三)十二月二十五日に、大竹親従と共に総裁代役となっていた正志斎は、重責を担うことになり幽谷の後継者として表舞台に登場してくる。この時四十五歳であった。

正志斎が、この時期に当面した問題は、彰考館の綱紀の衰退ということであった。それは前総裁川口緑野（長孺）が、文政五年に不行跡な行動があって罪を得て水戸に蟄居していたが、間もなく江戸史館に復帰した。次いで幽谷の歿後の文政十年八月、再び江戸の彰考館総裁となった。その人事は史館員などには予想外のものであり、それは彰考館の衰微の現れとして憂慮された。その年、家督を継いで彰考館編修となった藤田東湖もまた、それを憂えた一人で、文政十二年に彰考館の改革意見を上申し、川口を弾劾して総裁青山拙斎に呈した書、及び同時に川口自身へ送った書簡は、東湖の堂々たる正論を示すものとして知られている。（『東湖全集』所収）

総裁代役であった正志斎もまたこれより先、川口と絶交して、その罷免を藩庁に陳情したが受け入れられなかったため、文政十二年五月十九日、正志斎は自ら辞職して、教授職に異動した。その後、正志斎が彰考館総裁となって復帰するのは、四年後の天保二年のことである。

当時の教授というのは、水戸城中における毎月の講義（月次《つきなみ》講釈）と舜水祠堂において講釈を勤めることになっていた。それは享和三年（一八〇三）に治保によって決定された。同三年に総裁を辞任した立原翠軒らも一度この職に就いたことがあった。この教授職は当時閑職とされていたから、これに就いたことは、政治的圏外に置かれたことを意味した。

八　名藩主・斉昭の登場

1　水戸藩継嗣問題の勃発

八代藩主の斉脩《なりのぶ》（哀公）には子が無く、その跡継ぎも決まっていなかったため、士民は藩の将来についてかねてから不安を抱いていた。文政十二年（一八二九）十月一日、斉脩が重篤となった報せを聞いた正志斎は、藤田東湖等四十余名と江戸に行き、弟の敬三郎君《きみ》を継嗣とすることを関係者に建白する運動を始めた。

間もなく斉脩は、十月四日の夜、三十三歳で薨去した。その後「朶雲片々《だうん》」と題する遺書三通が発見され、一書に「拙者、世を去るの後は公辺に申し立て、敬三郎殿を養子にいたし、国政を禅《ゆず》り然るべく候、以上」とあってその遺志がはっきりした。藩では喪を発せず、六日に付家老の中山備後守信守を通して、敬三郎君を養子にすることを幕府に願い出た。八日に至り正式に幕府の許可が中山に伝えられたことを聞いて、正志斎らは同志と共に水戸へ帰った。このような曲折を経て、遂に第九代藩主斉昭（烈公）が誕生したのであった。

斉昭はすでに三十歳になっていたが、その背景には、父の治紀《はるとし》（武公）が、幼少時から敬三郎の不世出の才能を見抜き、他家へは養子に出さずに部屋住《へやずみ》として水戸家に留め置いて、万が一のために備えるという深慮があったのである。

当時、この継嗣問題を巡って、二つの派が対立する形勢を見せていた。その一派は哀公の夫人峯姫の父である十一代将軍家斉の子、清水恒之丞を養子に迎えようとする重臣らであった。峯姫らは敬三郎君の娘賢姫《さかひめ》を養女とし、それに恒之丞を迎えて結婚させ、水戸家を継がせようとした。その裏には、重臣らが幕府から援助金を得て、藩の財政の不足を補い、そして藩政を支配しようとしたこと、また賢明な藩主を喜ばない気風があったからである。

それに対して、藩主の弟である敬三郎君を擁立し、水戸家の血筋を守ろうとする幽谷らに代表される一派があった。

2　正志斎、「威公様御血胤」を主張

このような動きの中で正志斎は、文政十一年十二月二十四日付で、同門の吉田活堂（令世）へ書状を送り、これは「社稷《しゃしょく》存亡之機《とき》」であるとして、重臣らの動きに反対した。その主旨は次の様なものであった。（『水戸市史』中・三）

①　清水を養子にすれば「威公様御血胤」が断絶することになる。これは水戸藩を「幕府へ御返納」になり、「別に清水様」を水戸へ封ずるのと同じである。それでは水戸藩は名のみの存在となり、その実は亡びたも同然である。

②　敬三郎君の息女を養女にすることは、いかにも「威公様御血胤」が存続するように見えるが、「女系」は、「正胤」が無い時に限り、止むを得ず認められるもので、「正胤」を差し置いて「女系」によるのは「世俗之陋習《ろうしゅう》」である。これで「威公様御血胤」が存続するとは言い難い。（威公は水戸藩初代頼房で、家康の第十一男である）

このように述べて「正胤」である敬三郎君を継嗣とすべきであると主張した。史館総裁の青山拙斎も、同じ考えで、水戸家は尾・紀両家と違って、これまで「威公の御血脈」が連綿と続

いているから、養子を誰にするかは、水戸家が断絶するか否かという「大事のさかひ」にあるというものであった。

当時、将軍家から養子や子女を迎えることは、諸侯の競って望むところであった。すでに御三家でも紀伊徳川家では、家斉の子斉順《なりゆき》を十一代に迎え、尾張徳川家では、同じく斉温《なりはる》を十一代の藩主に迎えた前例があった。

斉昭は後に「告志篇」の中で、「不肖ながら我等は、威公の血脈を伝へ」と述べ、血筋を重んじることを強調している。それはまた光圀の遺志に叶うものであった。

その翌年の天保元年、正志斎らは無断で江戸に向かったとして罪せられ、山野辺義観以下、三十余人の主立った者は、側役を罷免となり、また正志斎ら同志は逼塞《ひっそく》を命じられた。逼塞とは、謹慎刑で、門を閉じ、白昼の出入りは禁止、夜間は潜り門から出入りが認められた。

この時には、すでに敬三郎君が九代藩主となり、徳川斉昭（諡、烈公）と名を改めて、新政に臨んでいた。従って正志斎らへの処罰は形式的なものであり、その期間は三旬（三十日）という軽いものであった。

間もなく逼塞が解けると、四月二十九日、郡奉行（常葉組）に抜擢された。同二年には御用取調役（格式通事役）に転じて、役料百五十石を支給された。

九　天保の改革

1　斉昭の人柄

斉昭は、第七代藩主治紀《はるとし》（武公）の第三子として寛政十二年（一八〇〇）三月十一日に江戸小石川邸に生まれた。母は公家（日野家一門）の外山氏。幼名は虎三郎、敬三郎。初めは父・治紀より偏諱を受けて紀教《のりたか》、藩主に就任後は第十一代将軍徳川家斉より偏諱を賜り斉昭《なりあき》と名乗った。父の尊王の志を受け継ぎ、その上、幼少時から青年期にかけて幽谷の門人の正志斎や吉田活堂の教育を受けていたことは前に記した。

図らずも斉昭は、兄の斉脩《なりのぶ》の後を継いで、文政十二年（一八二九）十月十七日、水戸第九代藩主に就任した。時に三十歳であった。英明な性格と強固な意思によって天保の改革を実行し、後世、義公（光圀）と並んで義・烈両公と称される名君として歴史に名を残した。やがて弘化元年

（一八四四）、四十五歳で隠居を命じられ、安政五年には、安政の大獄で急度《きっと》慎《つつしみ》を命じられた中で、万延元年（一八六〇）八月十五日、水戸城中において六十一歳の生涯を閉じた。諡号は烈公、字は子信、号は景山、潜龍閣である。

斉昭は相続の命を受けた文政十二年十月十七日、万一自分が死去した時のことを考慮して、遺書を認《したた》め、史館総裁の青山拙斎・川口緑野に預けた。その遺書には「威公の御血脈」（男系）を受けていることを継嗣の条件にあげている。これは正志斎や東湖と同じ考えであった。

2　京都との姻戚関係

斉昭の活躍の舞台は、定府と定められて江戸にあったことは当然のことであるが、さらに京都との関係が大きかった。斉昭の夫人は、有栖川宮織仁《おりひと》親王の女の登美宮《とみのみや》（吉子女王）である。姉の徳川従子《よりこ》（偉姫・順姫）は二条斉信の夫人。斉信の父は二条治孝で、母は徳川宗翰《むねもと》（良公・水戸五代藩主）の女（嘉君）。斉信は従一位、内大臣、右大臣、左大臣などを歴任。弘化四年（一八四七）に薨去した。

もう一人の姉の鄰姫《りんひめ》（清子）は鷹司政通の夫人である。政通は文政六年（一八二三）に関白に就任、天保十三年（一八四二）には太政大臣に就任する。安政三年（一八五六）に辞任するまで三十年以上の長期にわたって関白の地位にあり、孝明天皇の信任も篤く朝廷で大きな権力を持ち、斉昭とも書簡を往復して、幕政の様子を天皇にも奏聞するなど、幕末の紛糾時に大きな役割を果たし、水戸家の大きな味方であった。明治元年に八十歳で薨去した。

徳川斉昭肖像

その他に水戸家との姻戚関係にあったのは、一条家、今出川家などがあり、宮家や公卿との深い繋がりは、幕府から常に警戒の対象とされてきたが、大老井伊直弼の疑惑の目は、遂に安政の大獄に進展するのである。

このような京都との姻戚関係があるのは、将軍家をはじめとして諸大名にも共通するものであるが、水戸藩は御三家の立場と光圀以来の尊王思想の家風があり、そこから尊王敬幕思想という独特の考えが生まれてきた。それ故に光圀の遺訓として「わが主君は天子なり、今将軍は我が宗室なり（親類頭）。あしく了簡仕り、取り違へ申すまじき由」（『桃源遺事』巻三）と戒めていた。

このため水戸藩は、幕府から特異の存在として注視され、斉昭の生涯には、幾度か苦難に遭遇することがあった。特に勅諚（戊午の密勅）降下以後の水戸藩の立場は、存廃の判断を厳しく問われる事態に追い込まれた。

3 斉昭に謁見、「納言公賜墨記」を作る

斉昭の藩主就任を何よりも喜んだのは正志斎であった。天保元年十月、同僚の川瀬教徳、吉成信貞、藤田東湖と四人で、斉昭に招かれ江戸の小石川邸に伺候した時、いろいろと諮問の後、帰りがけに斉昭から『堯典《ぎょうてん》』（『書経』）の初章を親《みずか》ら書したものを、それぞれに賜った。正志斎は直ちに「納言公賜墨記」を作って、その感激を書き残し、子孫たる者はこれを拝して忠孝を尽くすべしと記した。（『会沢正志斎文稿』所収）

一方、藩主から意見を求められた有志らは、競って様々な封事を呈した。東湖や青山拙斎も改革の推進を強調するとともに、守旧派の人材の一新が先決であることを主張した。

4　正志斎、改革案の封事を呈す

正志斎は『新論』の執筆以来考察してきた改革案を封事に認《したた》めて呈上した。「正志斎封事稿」の中に「五弊論」がある。文政十二年冬頃と思われるもので、要約すると次のようなものである。

「初政の善悪は後々まで引はり御大切に御座候間、有志の士、忠言を献じ申すべく候」として、藩主にとって就任当初の政治の善悪が大事で、これが後々まで影響してくるので今が大事な時である、と書き出した。

「治国の大体、義を先にし、利を後に仕り候」と、第一に、道義と利欲との区別が大切であるとして、いわゆる「義理の弁」について述べた。そして、『新論』で改革案を提示したように、項目を立てて理路整然と論じているところは、いかにも正志斎らしい謹厳な書法である。

まず、「当今の大弊」として、五つの大項目を掲げ、さらに小項目に分けて具体的に論じた。その五大項目は、(1)「紀綱廃弛《はいち》の弊を論ず」、(2)「理財失道の弊を論ず」、(3)「風俗頽廃の弊を論ず」、(4)「民物凋衰《ちょうすい》の風弊の原因」、(5)「宴安姑息を論ず」である。

「紀綱廃弛の弊を論ず」では、藩政及び士民の規律が乱れた原因として、以下の三項目を立てて説明した。

①「威福下に在り」

「人君の威福は人君の大柄《たいへい》、臣下威服を専らにす」として、藩主に権威がなく、重臣らが実権を握り、思うままに政治を行っている。これでは領内の士民の目には、役人が中心となって、藩主のいることを知らない有様となってしまう。賄賂が公然と行われ、賞罰や人事も邪《よこしま》な重臣の心次第となっている。水戸では赤松八郎左衛門、江戸では柳原淡路守などがそれである。

②「旧章湮没《いんめつ》」

威公や義公の時は、藩の紀綱(制度・規律)が整い、法令も厳正明確であり、士民もよく従っていた。その時代の良い法制や通達などが記録などに散見している。ところが三代粛公(綱條《つなえだ》)以後の元禄・宝永以来、重臣らが勝手に法を定め、紀綱は日々に弛《ゆる》んできた。例えば松涛《まつなみ》勘十郎などの姦臣は、上は権臣に媚び、下は胥吏《しょり》に結び、財利の説を以て一時を愚弄し、威・義二公の良法を擅《ほしいまま》に変改したため、国勢が一変してしまった。今こそ旧章(威・義二公の良法・制度)に復帰しなければ、その善政は下々の百姓まで及ぼすことはできない。

③「庶官曠廃」

紀綱の弛みは軍制の敗頽にある。当家は武を以て藩を立てたのであるから、上下共に一日も武を忘れないようにすべきである。また、威・義二公の時は、人材を選び、人品を研《みが》いたので、人心が怠惰にならず、国に締まりがあった。号令も簡易で行われ易く、禄高に応じて家臣を持ったので遊民も少なく、規律も正しかった。

近頃は、旧制が壊れ、表面ばかり飾り、人馬も持たず、袴羽織に雪駄を履き、座作進退のまねをしているくらい、寒暑風雨には調練も止めるほどである。藩主や執政の職にある者は、その本来の職務を失い、すべて下役人に任せ、下役人は上役の職権を奪い、そのために実権は下役人の手に帰するに至った。下役人は初めから富貴利達を好むばかりで、道義を弁《わきま》えないため、事件の判決には邪曲のことが多く、依怙贔屓《えこひいき》により法を乱している。

このような幽谷門下らの様々な封事や建白と、それらに応えようとする斉昭の改革への情熱により天保の改革は他藩には見られない特色ある業績を実現していった。それはまさに「天下の魁《さきがけ》」を目指した大改革といえるものであった。途中で、幕府からの疑惑を受けて、弘化甲辰の変により中断したこともあったが、その理想の大部分は実現することができた。世に水戸藩の天保の改革として名声が広まり、また幕府の天保の改革に先鞭を付けるものとなった。

十　弘道館の創設

1　弘道館教育の理念

(1)　理想政治の実現と学校

斉昭は「告志篇」の中で、シナで聖王とされる堯《ぎょう》・舜《しゅん》の治世、特に周の文王《ぶんのう》を理想と仰ぎ、また水戸藩の頼房や光圀の政治理念（旧章）を復活すると宣明した。

斉昭は、その理想を実現するためには学校を創設して、士民を教化することが必要であるとし、一方には、迫り来る西欧列強に対応できる人材育成という緊急の事態も起こっていた。

光圀が学校の建設に積極的であったことは、やはり理想の政治という視点に立って考えたことであり、孔子堂を水戸に立てようとして江戸に仮屋を建て、明《みん》の遺臣朱舜水に祭儀を習わせ、

弘道館正門

大成殿の模型を造らせたのもそのためであった。(『桃源遺事』巻之一)
幕府や他藩でも同様な観点から学校が創立されたのであろうが、武士は武芸に励むことは当然の義務であると考え、多くの学校では学問(文)のみが教えられた。

(2) 文武両道の教育

一方、水戸の弘道館は、光圀の学問建設の遺志を継ぎ、学問の意味を広く捉え、周代の必須課目である六芸《りくげい》(藝)、すなわち礼・楽(音楽)・射(弓)・御《ぎょ》(馬車の御し方)・書・数などを参考とし、当面する課題に即応できる幅広い人材の育成を目指した。教育は車の両輪のごとく文武両道が基本であるとし、また机上の学問ではなく実際に役立つ実学を尊び、また見せかけの武芸から実践的で、しかも人格形成に役立つ武道へと発展させたところに特色が見られる。

斉昭が学校創設の意向を正式に表明したのは、天保四年(一八三三)に初めて水戸へ帰国していた時で、天保五年十二月頃であった。そのために斉昭は、積極的な人事刷新を行い、東湖や戸田忠敞《ただあきら》らに早くから学校建設の準備に当たらせた。

また反対論者の主な理由となっていた建設費用については、斉昭は全く別の手当てを考えていた。それは歴代藩主の「貯蓄金」と、幕府に要請していた「助成金」が天保六年より五年間にわたって、毎年五千両ずつ下付されることになり、それらを「御手元金《おてもときん》」とし、藩の財源から全く独立した資金として、弘道館、偕楽園、検地などの大事業を成し遂げていった。

このようにして資金の準備は整ったが、天保七年からの凶作（天保の飢饉）のために、建設計画も中断される不運に見舞われた。

このような幾多の課題を克服して、弘道館は天保十二年（一八四二）七月に完成し、八月一日に仮開館として学校の活動が開始された。仮開館とした理由は、学校の中核となる鹿島神社と孔子廟が完成していなかったからである。本開館は、それから十六年後の安政四年五月九日であった。

(3) 政教一致の人事と総合大学的制度

天保十一年には、弘道館掛として執政の渡辺寅、参政の戸田忠敞、側用人の藤田東湖などの政府役人を任命し、教授頭取（総教・督学）として青山拙斎（延于）、会沢正志斎、教授として杉山復堂、青山佩弦《はいげん》（延光）などの人事が発令され、政教一致（治教一致）の教育体制を目指した。

弘道館は、当時の藩校としては最大の規模（五万四千坪）で、文武両道を掲げ、文館には、儒学の経書や史書の他に、歌学、天文、算学、地図、音楽、諸礼などの学科を設け、また武館には剣道、槍術、兵学、射術、馬術、薙刀《なぎなた》、砲術（校外）、柔術、水練術（那珂川）などの科目の他に、医学館なども設けられ、いわゆる総合大学的な制度であった。

さらなる特徴は、学生は十五歳で入学し、四十歳ほどで必修年限は免じられるが、卒業の規定はなく、役職に就いた者でも、学問は一生行うものであるとして随時登館して文武の道を学ぶことになっていた。十五歳までは、教職が主宰する家塾で基礎を学んで、文は入学試験があるが、武は師範の推薦で入学できた。

2 弘道館建設と正志斎

(1)「学制略説」「学問所建設意見書稿」の執筆

弘道館では、学問は実際の政治と隔絶したものではなく、政治と教育は一体となるべきであるとする政教一致の理念を掲げた。そのために周の文王の教育を理想として、周代の学校制度を研究して具体化したのが正志斎であった。

正志斎が、古今の学校制度について著したのが、「学制略説」や「学問所建設意見書稿」である。この「学制略説」の著作年代については、「行実」や「略譜」では、これを天保十年としているが、その後の研究により、「学制略説」は文政末年から天保二年以前であり、その数年後に「学問所建設意見書稿」が著されたものとされた。

「学制略説」は、周代の学制を、『周礼《しゅらい》』や『礼記《らいき》』によって略説して、それに自己の見解を付け加えたものであって、周の制度を今の封建の世に取り入れようとする意図をもって書かれたものである。

その総論の冒頭に「古より、王者が国を建てるに際しては教育を先とした。唐虞《とうぐ》三代はもちろん、後世までも歴代の帝王は学校を設けない者はなかった」(意訳)と述べ、しかしながら、「封建の世と郡県の世とでは、教育方法が異なるので注意が必要である。郡県の世では、人材を下より抜擢することは自由であり、そのため学制も疎略である。封建の世では、俊才の者は抜擢されることもあるが、多くは世襲の家禄の人を採用するので、教育方法が綿密でないと、士大夫の子孫は皆な驕慢《きょうまん》になり、役に立つ人物がいなくなることは必然の勢である」(意訳)と述べている。

その結論として、「教育の根本理念は、人君自身が、道を信ずること厚く、政治と教育とを一致にしなければ、真の教育を行うことはできない」として、藩主が率先して教学の先頭に立つ覚悟を示す必要があるとしている。(『日本教育文庫・水戸学派教育説選集』所収)

また、「学問所建設意見書稿」の中では、「水戸藩は、義公が学問を奨励されて以来、天下の人は御文国と称するほどである。今や諸藩に学校があり、笠間藩などの小国（藩）でも文教が興隆（時習館のこと）しているのに、御大国の水戸藩が無学の人ばかりになってしまっては、侮りを受けることになる」（意訳）と、学校の建設は緊急で必須の事業であることを強く要請している。その別紙として、その場所、入学年齢、学校の担当者は御年寄（重役）から一人、史館総裁から一人、教授掛などを具体的に提言し、その意見は採用されるところが多かった。

また、「正志斎封事稿」の中に、天保五年頃とされる「学校創立ノ件」がある。それは、斉昭から学校の祭神についての諮問に対して奉答したものである。

正志斎は「神州の制度では神州を本に立てること」がよろしく、祭神としては、天皇を御祭りするのは「非礼の礼」となるので、天祖・天孫を輔佐した諸神の内からが選ぶのが相応《ふさわ》しい。文学の神としては、菅公（菅原道真）か義公様もよろしいが、孔子と対比するならば、神代の神がよろしく、文武合一の学制ともあらば、武神には建御雷神《たけみかづちのかみ》が相応しく、文の神ならば、天児屋命《あめのこやねのみこと》などが勝れている（意訳）などと幾つかの候補をあげている。

このように、斉昭が折に触れて正志斎らに諮問し、その奉答を受けて検討を積み重ねて、次第に弘道館の構想が築き上げられていったのである。

(2)「泮林好音」を著わし人倫を説く

正志斎にはその他に、「泮林好音《はんりんこうおん》」という著作がある。その中で、聖人の教えについて、

人の禽獣に異なるは人倫あるを以てなり。聖人の教へは人倫を明らかにするを以て旨とす。唐虞三代、学校を設て人倫を明らかにし、人才を教育し、賢能を挙て、治教を明らかにし、世々に伝へて国家の命脈を長久ならしむること古への聖人の要務なり。

と述べて、学校教育の目的は、人の最も大切な人倫・道徳を教えることであるとしている。

また正志斎に、「諸家学規」という小著がある。それは「熊本時習館学規」「福岡甘棠館《かんとうかん》学規」等の藩校の学規を収録して、学制、学則の参考にしたもので、その他に、教育、教化に関する著作が数多くある。

正志斎は、天保九年には百五十石が加増され、同十一年には、小姓頭に進み、弘道館教授頭取(総教)となり、役職手当てとして二百石を賜った。

弘道館の教職を行政職の小姓頭に当てたのは、政教一致を実現するためで、教職員の地位と発言力を高めると共に、教育を政治から分離させないためであった。入学式や試験、祭儀などの学校の行事には、藩主以下の重役も臨席するようになり、弘道館内には藩主及び重職が控える一室も設けられていた。

3 「弘道館記」と教育目標

(1) 「神州の一大文字」

弘道館の建学の精神を宣明したものが「弘道館記」である。斉昭は天保七年頃に史館総裁の正志斎に記文の起草を内命したが何故か辞退したため、翌八年六月に、東湖に改めて起草を命じた。

その際に、斉昭は、「学校御碑文」として、和文の趣意書を菊池善左衛門に漢文に書き換えさせたものを示した。そこで東湖は「神州の一大文字」となるような決意をもって全精力を傾注し、七月初め頃には草案が完成した。(「会沢伯民に与へし書」『東湖先生の半面』所収)

これを最初に幕府の昌平黌《しょうへいこう》の儒官佐藤一斎(坦)に見せて意見を聴き、次いで史館総裁の正志斎と青山拙斎の意見を求めて、最終的には斉昭が裁定するという手続きを経て決定し、天保九年三月の期日で発表された。実際に弘道館が開館するのは三年後の同十二年八月一日である。この「学校御碑文」こそが、有名な「弘道館記」である。

この時、同時に「偕楽園記」が斉昭の手元で起草され、近臣だけで推敲されて「弘道館記」

より一年ほど遅らせて、天保十年五月の期日で発表された。これは学問を学ぶ弘道館と学問の合間に浩然の気を養うための偕楽園とに格差を設けた意図的なものであった。この偕楽園は斉昭の第一回帰国の時に場所を選定してあったもので、その造園の構想は、やはり周の文王に倣ったものであった。（拙著『水戸斉昭の『偕楽園記』碑文』参照）

学校名は初めは未定であったが、やがて学校記文が完成すると、冒頭の「弘道とは何ぞ」の一文から藩校名を「弘道館」とし、また記文も「弘道館記」とした。既に佐賀藩や彦根藩などに同名の学校があったので、その使用について幕府に伺いを立てていた。事前に「弘道館記」を佐藤一斎にも下見をさせて意見を求めていたので了承された。これを大きな特製の紙で拓本に採り、大名、公家にも配布した。その精神は水戸藩の枠を超越し、国家としての大きな理想を掲げ

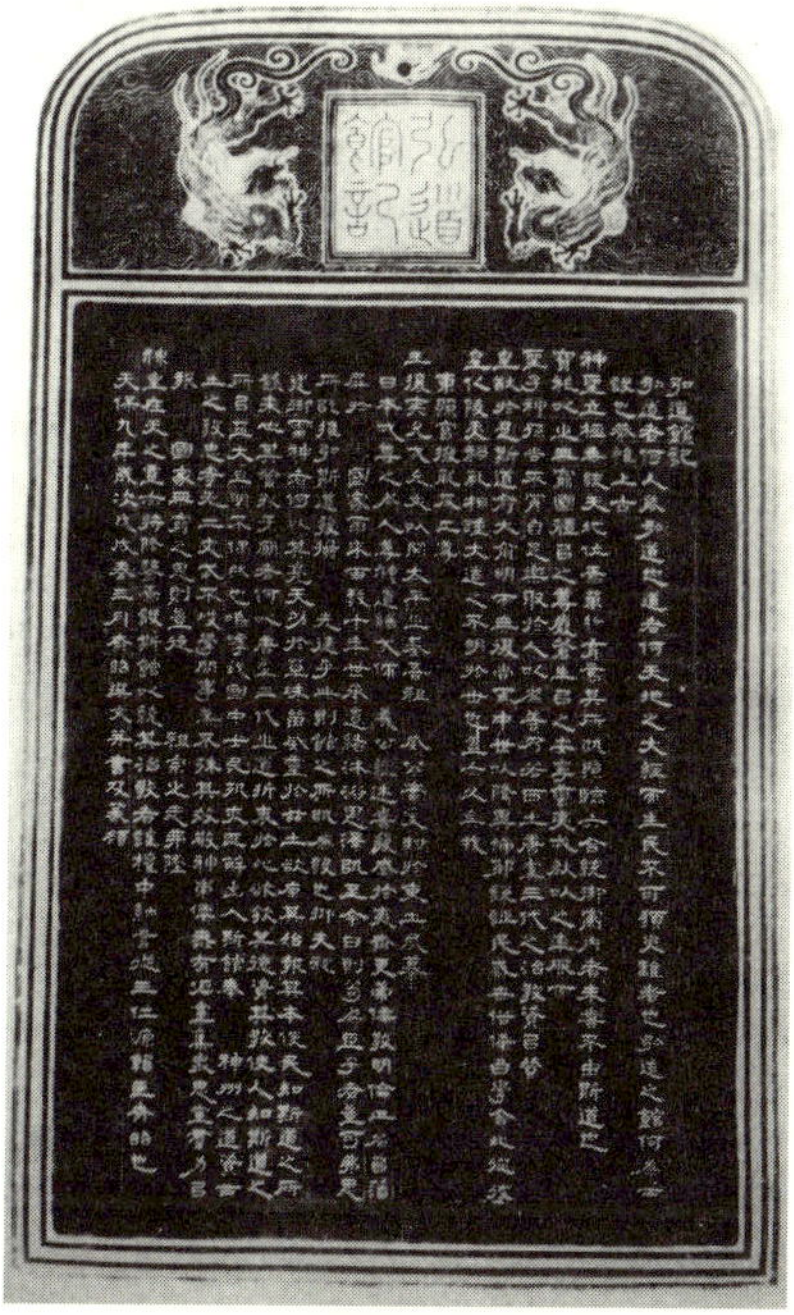
弘道館記（拓本）

た一大文章であった。その基本に流れるものは尊王敬幕思想であり、水戸藩の立場を天下に公然と宣言したものである。しかし、この「弘道館記」は、幕藩体制の中にあっては尊王思想が勝ちすぎた感があり、幕府側の立場からすれば快く思わない者もいたであろう。しかし東照宮(徳川家康)を尊王攘夷の主唱者と崇めていたので、佐藤一斎も口出しはできず、また公然と反対を表明する者もいなかった。一方、朝廷側から見れば、水戸藩主斉昭を一段と頼もしく思われたことであろう。

(2) 「弘道館記」に盛り込まれた『新論』の国体論

この「弘道館記」に盛り込まれた国体論は、『新論』に詳しく説かれたところであり、斉昭の「告志篇」にも表れ、ここに集約されたとみることができよう。

「弘道館記」に掲げられた教育の目標は、その末尾の一文に結論付けられている。

神州の道を奉じ、西土の教へを資《と》り、忠孝二無《な》く、文武岐《わか》れず、学問事業其の效を殊にせず、神を敬ひ、儒を崇び、偏党あるなく、衆思を集め、群力を宣べ、以て国家無窮の恩に報いなば、則ち豈徒《ただ》に祖宗の志墜《お》ちざるのみならず、神皇在天の霊も亦降鑒《こうかん》したまはんとす。(読み下し)

これは、㈠神道と儒教の尊崇、㈡忠孝一致、㈢文武不岐、㈣学問と事業の両立の四項に要約される。また、国民の英知を集約し、心を一つにして、国家の恩に報いることなど、正志斎のいう「報本反始」の精神にこそ教育の根本があるとした点にも留意すべきである。

(3)『退食間話』『弘道館記述義』

この「弘道館記」を解説した書には、正志斎が斉昭の命により和文で書いた『退食間話』（天保十三年）があり、その後、東湖が改めて斉昭の命を受けて漢文で書いた『弘道館記述義』（弘化二年）がある。この『弘道館記述義』は、正志斎の『新論』と共に水戸学を代表する著作として全国に広まり、幕末維新から明治時代、そして現代に至るまで大きな影響を与えた。

偕楽園記（拓本）

このように弘道館の創建に至るまで

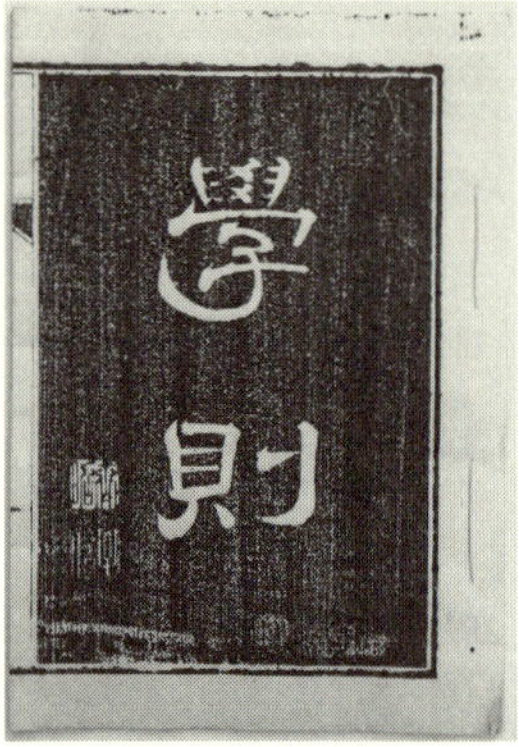

「学則」（斉昭筆）

の経緯をみてくると、まず斉昭が建学の意志を表明し、正志斎が周代の学校制度を研究して、東湖が学校建設の実務と「弘道館記」の起草を担った。概括するならば、弘道館はこの三者の叡智を結晶した合作ともいえよう。

このように順調に進んできた改革も、反対する重臣や寺僧らにより讒訴《ざんそ》され、弘化甲辰の変（一八四四）が起こった。斉昭が失脚して藩主を慶篤《よしあつ》（順公）に譲ると、弘道館の教育も一時衰退したが、安政四年（一八五七）には、鹿島神社と孔子廟が完成したので、本開館式を行うことが出来た。この時に、「学則」九項目が定められた。これは総教の正志斎と青山拙斎（延于）ら教職の検討を経て成ったものであるが、主導したのは正志斎であった。その第二則に「私見を偏執し、妄《みだ》りに異議を生ずること勿れ」とあり、正志斎の「師匠の学」を重視する教学の方針が明示されている。

(4) 明治五年八月に閉鎖、約三十年間の役目を終了

慶応四年（一八六八）四月、大政奉還して謹慎中の前将軍・徳川慶喜《よしのぶ》は江戸開城の合意事項に沿って水戸に引き移り、かつて学んだ弘道館の至善堂に入ったが、七月に徳川家が駿府に移封

されると、慶喜も静岡の宝台院に移って謹慎した。

明治元年十月には藩内で対立する党派による弘道館戦争が起り、文館・武館・医学館等多くの建物が焼失した。明治五年（一八七二年）八月に「学制」が頒布され、十二月八日に弘道館が閉鎖され約三十年間の役目を終了した。その後、弘道館の施設は昭和二十年の水戸大空襲で被災したが、正庁・至善堂・正門などが奇跡的に焼失を免れ、国の重要文化財に指定され、また旧弘道館として国の特別史跡に指定された。平成二十三年三月十一日の東日本大震災では大きな被害を受けたが、修復が完了した。近年になり世界遺産登録の候補として話題を集めている。

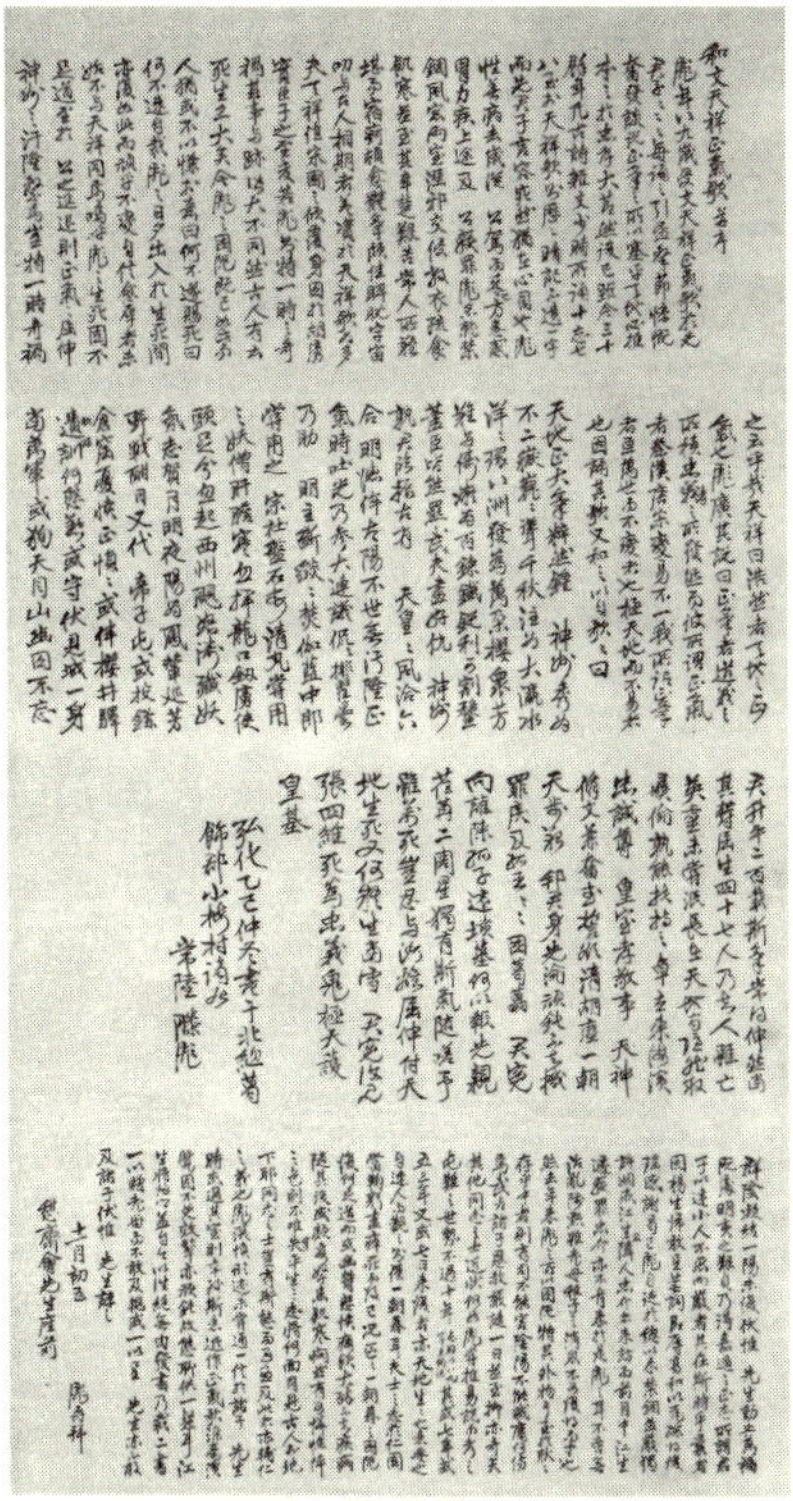

藤田東湖「正気歌」
正志斎に贈呈。末尾に「十一月初五 憩斎会先生座前」とある。（『維新志士遺芳帖』明治 43 年。国民新聞社発行）

十一　弘化甲辰の変

1　七カ条の嫌疑

弘化元年（一八四四）に突如として沸き起こった幕府による水戸藩疑惑事件が甲辰の国難（弘化甲辰の変）である。前年の天保十四年五月には、斉昭はその善政の努力が認められ、将軍家慶から表彰されたばかりであった。正志斎はその学問と施策の本領を発揮して、斉昭の改革と共に順調に歩みを続け、水戸学の大成に努力してきたが、ここに至って大きな壁に突き当たった。

弘化元年四月十六日、老中阿部正弘は付家老中山信守を官邸に招き、藩政などに関する七カ条について尋問した。

その主な理由として、①水戸の東照宮の祭事を神道に改めたこと、②弘道館の土手を高く築いたこと、③寺院を多く破却したこと、などがあげられた。

五月六日に幕府は、斉昭に隠居・謹慎を命じ、十三歳の世子、鶴千代麻呂（慶篤・順公）に相続させるとともに、高松など三支藩に藩政の後見役を命じた。また斉昭に協力した執政以下の免職を行い、藩庁は、幕府の意向を汲んで改革事業の大半を中止にした。側近であった藤田東湖、戸田忠敞《ただあきら》（蓬軒）、今井金衛門等も連座して、免職蟄居という重い処分を受け、小石川邸内の一室に幽閉された。翌年二月になって、東湖、忠敞は小梅の別邸に移された。

2　雪冤運動と幽閉

突然の幕府の処分に驚いた水戸藩の士民らは、斉昭の無実の罪を晴らそうとする雪冤《せつえん》運動を起した。特に農民の間には「義民」と称して大挙して江戸に上る者があり、江戸市中が騒然となった。

そのような雪冤運動が功を奏したのか、老中阿部は、次第に事情を了解して、半年後の十一月二十六日になって斉昭の謹慎を解いたが、藩政への関与は許さなかった。五年後の嘉永二年（一八四九）三月になり、三支藩の後見を解き、藩主が幼少とのことで藩政への参与が許された。

当時、正志斎は、弘道館総教の職にあり、直接的に藩政には関与してはいなかったが、斉昭の雪冤運動の中に門人がいたため、正志斎もその者らを後ろから唆《そそのか》した疑いで、翌弘化二年三月三日に藩から隠居を命じられた。正志斎は嗣子の璋（熊三）に後を譲って、それより憩斎《けいさい》と号した。時に六十四歳であった。

この処分に対して弘道館の教職や生徒は憤慨し、少壮の生徒は政府有司に抗議し、訓導・舎長らは辞表を提出するなどの騒動になった。

翌三年正月十四日、水戸藩の支族松平頼譲（長倉陣屋。支藩ではないが三千石の家老格。常陸大宮市長倉）が幕府へ訴えたことにより、正志斎は遂に罪を獲て水戸城下の中街《なかまち》（水戸市仲町）の廃屋（今井惟典の旧宅）に同志の安島帯刀・山国兵部・金子孫二郎等合わせて九人中の一人として、蟄居（幽錮）を命じられた。ここの監視は厳重を極め、先手同心頭をして警護させ、全く牢獄に等しいものであり、有志らは憤激したという。

これは藩政改革の挫折だけではなく、「尊王攘夷」を旗印とする水戸学の実践の上にも大きな転換点となった。これ以後、水戸藩と幕府との関係は次第に溝が深まり、同時に藩内にも派閥抗争を引き起こす原因となった。

3　謹慎生活と執筆活動

(1)　詩歌集「風簷集」

弘化三年から嘉永二年まで四年間、正志斎は同志九人と幽囚の身にあった。そこでは筆や硯などの持ち込みを禁じられていたが、正志斎は苦心の結果、八種ほどの草稿を書き上げた。「風簷集《ふうえんしゅう》の序」に、その間の事情を書き記している。それを要約すると、

今年弘化三年の春、罪を得て幽錮せられ、部屋の中で静かに日を過ごしている。そこで「孝経補注」を著し、次いで論語中の疑義について著そうとしたが、囚室の中では書写を禁じられ、筆硯を持参することができなかった。ただ座って鬱々《うつうつ》と日を過ごし、一日の長さを感じていた。たまたま、持参した手提げ袋の中から朱色と藍色の墨を見つけた。そこで磁器を硯の代わりとして摩《す》り、箸を削って筆に換えて、記録して小冊子二巻を著した。

と述べている。ここにいう「孝経補注」とは、嘉永二年の序がある「孝経考」の草稿で、また論語中の疑義とあるのは、弘化四年の「読論日札」の草稿であると考えられる。

「孝経考」の序に、「我が先師藤先生（幽谷）、夙《つと》に此の篇を尊信し、仁孝一本の義を発明す。

（中略）微《ひそか》に先師循誘の徳に報いんと欲するのみ」とあり、幽谷の教えを代筆するという意図のもとに著したものである。

また「読論日札」では、「先師藤先生、論語を尊信し、発明する所多し、嘗て梅巷筆叢《ばいこうひっそう》を著さんと欲して粗《ほぼ》端緒に就き、未だ成らずして簀《さく》を易《か》ふ（死去）。誠に憾《うら》むべしとなす」と言って、幽谷の特に尊信して已まなかった『孝経』及び『論語』を解釈して、幽谷の教えを後に伝えようとしたものである。

この幽錮の間に、正志斎がその感懐を詠んだ詩歌は、珍しく和歌で三百余首に及ぶものであった。弘化三年に、この時の詩歌を集めて「風簷集」と名付けた。これは文天祥の「正気《せいき》の歌《うた》」中に、「風簷、書を展《の》べて読めば、古道、顔色を照らす」から取ったもので、同じく江戸で幽囚の身となっていた東湖が、自らを文天祥の境遇に比して、有名な「正気歌」を作ったのと同じ気持であった。（一一五頁の写真参照）

その頃の心情を歌ったものの中に、次のようなのがある。

六十《むそ》あまりなれし桜も今はたゞ　花咲きぬとを人伝《ひとづて》に聞く
冬といへばいとゞさびしさまさりけり　夜半《よわ》の友とて鳴虫もなし
天地《あめつち》にそむかでこそは世にもあらめ　身はこのままに朽《くち》はてぬとも

なか空に千木《ちぎ》高しりて橿原《かしはら》に　はつ国しらす御代ぞ尊き

この間で最も正志斎の心を打ったものは、仁孝天皇が崩御されたことを二カ月後に知ったことである。（弘化三年二月六日、崩御、四十七歳）

「正月二十六日。天皇登遐《とうか》（崩御）したまふ。囚室中未だ之を知らず。四月十九日に至りて始めて之を聞くを得たり」と述べて、国民としてその悲しみを詩に賦したのである。

(2) 孝明天皇の即位式を祝う

そして次に践祚された孝明天皇の即位式が、内外の状勢がいよいよ重大となってきた弘化四年九月に行われたことを聞いた時には、幽室において謹んで詩を賦した。その一章句に、

皇統　窮《きわ》まり無く　三器重し。　民彝《みんい》　象を垂れ　八洲知る。
遐方《かほう》　賓服《ひんぷく》　綱引の如く。　此れ従《よ》り風声　四夷に被る。（読み下し）

とあり、身は幽囚にありながらも、この即位の式に、皇統の窮まり無きを思い、国内外の人々が、祈年祭の祝詞にある綱引の如く、皇威に従い来ることを心から祈るのであった。

正志斎は嘉永二年四月十四日に至り、ようやく三年三カ月にして禁錮を許されて家に還ることができたがなお蟄居は続いた。そして帰宅した時の感慨を次のような歌に託した。

三かへりのあきをふる間のもとどりの　おきそう霜は老の家ずと

同年十一月になり、ようやく自宅謹慎も許され、

思ひきや千尋の淵の埋木《うもれぎ》の　又浮び出て人目見んとは

思ふどち今日は訪《とい》来て語らひぬ　さりし六年の心尽しを

などの歌によせて、その頃の気持ちを詠んでいる。

これから嘉永六年十二月十九日、弘道館教職に復するまでは、正志斎の生活は専ら家塾の教育と著述だけに集中していた。正志斎の数多い著書の中で、この期間にできたものが一番多いことは、いかなる苦難にも屈しない精神と学問への熱意が表れている証しといってよいであろう。

4　『新論』・『迪彝篇』が広まる

また『新論』や『迪彝篇《てきいへん》』の主著がこの時期に、広く知られるようになったことは注意すべきところである。正志斎が幽囚中にひそかに甥の石川氏へ書き届けた極小の書簡中に、

自分は幽閉の身となっているが、道を論じた『迪彝篇』は、天覧に呈上せられ、京都に建

てられた新たな学校（天保十三年創立の学習院）へも納められ、また時務を論じた『新論』は老中阿部正弘へ海防掛の人からご覧に入れたとのことである。自分の志が行なわれたと言うほどではないが、赤誠の甲斐も少なくないように思われる。（意訳。瀬谷義彦『会沢正志斎』）

と記している。

嘉永元年には高橋愛諸《ちかゆき》（多一郎、桜田事変の主謀者）が『新論』に奥書を付し、木活字で出版した。また徳富蘇峰の談話として、「川路聖謨《としあきら》が奈良の奉行の時、弟の井上信濃守から『新論』が出版と同時に送られてきた。聖謨はこれを読んで、無名氏とあるが、水戸人であるに違いない。これほどの論を書けるのは藤田虎之助（東湖）以外にはないだろう」と語ったと伝えている。（北条重直『水戸学と維新の風雲』）

『迪彜篇』郷校の時雍館で刊行

このように『新論』は、正志斎が幽居して家を空けていた間に急速に伝写・印刷され各方面へ広まっていった。また、この不遇の間に、弘化元年（一八四四）七月に『新論』を読んで真木和泉守が来遊し、謹慎解除の後、嘉永四年（一八五二）には、吉田松陰が正志斎を訪ねて来ている。

5 『下学邇言』の執筆、幽谷の志を伝える

この期間、弘化四年に『下学邇言《かがくじげん》』の執筆がある。これは『新論』と共に正志斎の二大著作とされるものである。その序文に、「先師藤先生の後進を誘掖《ゆうえき》するや、安《やすし》（正志斎）、幼なるも、陪侍して幸いに餘論を聞くを得たり」と述べ、「故に竊《ひそか》に所見を録し、著して五論となし、論道・論学・論礼・論政・論時と云ひ、謹て先師より聞く所のものを述べて、以て正を大方の君子に仰ぐ」と記し、この書は幽谷の教えを回顧して筆を執ったものであることを述べている。

その他に、「典謨《てんぼ》述義付録」・「読論日札」・「泰否炳鑑《たいひへいかん》」等は、すべて儒学を主とした著であり、かつて幽谷から教えられたところを、後世に述べ伝える意味が強調されている。

この正志斎の学問の態度は、幽谷をいかに尊崇し、その学問に傾倒していたかを示すものであり、これこそが「師承の学」というものである。この態度は、ただに『及門遺範』のみではなかったのである。（『水戸の文籍』参照）

十二　正志斎塾の隆盛と将軍の表彰

1　正志斎塾の名声高まる

正志斎が家塾を開いたのは、文政三年（一八二〇）に江戸から水戸史館へ転勤を命じられた三十九歳の時からであった。これより以後、無断出府による逼塞《ひっそく》や弘化甲辰の変での蟄居など、止むを得ない時以外は晩年まで続けられた。

特に、天保の改革の成果が天下の注目を集めるにつれて、斉昭の補佐役として東湖と共に、『新論』の著者をもって正志斎の名声は全国の有志の間に高まり、近隣の諸藩のみならず、遠くは西南（長州や九州）の諸藩からも遊学する者が現れた。

正志斎は、天保元年九月に居宅を水戸城下の南街《なんがい》（南町）に賜わり、天保三年には百五十石が加増され、同十一年にはその上に役料二百石、都合三百五十石という待遇を受け、その生活は

正志斎塾跡に建つ像（南町）

前よりも一段と余裕あるものとなった。

その南街の塾舎を兼ねた自宅は、弘化三年（一八四六）に弘化甲辰の変に連座して幽閉を命ぜられた時、没収されて留守宅は祉巷《さいわいちょう》（幸町）に移ったが、安政元年三月に再び南街旧宅の近くに転居して、塾の教授が再開された。

天保十二年の弘道館の開校以後は、総教として教育の最高責任者としての重責を果たし、自宅に帰れば、南街の塾舎において門人を指導するという生活が続いた。

他藩人としては、天保元年に笠間藩の加藤桜老が二十歳で入門したのが早い時期の門人として知られている。その頃の塾を桜老は「南街塾」と呼んでいたとの記録がある。なお、塾名については、すでに開塾のところで触れておいた通りである。

2　正志斎の塾風と青藍舎

(1)　教育の目標は学問と道徳を兼ね備えた「成人」

「行実」により、正志斎塾での教育の様子を窺《うかが》ってみよう。「行実」の編者、寺門謹（政次郎）は正志斎の門人で、母は小林半兵衛の女、すなわち正志斎夫人の妹で、甥にあたる。

その塾の教育目標は、学問と道徳を兼ね備えた「成人」（『論語』憲問）となることにあり、実学を主としてその時代に役立つ人間を育てようとした。当世になると大道が明らかでなくなり、学問は儒学者の生活のための私的な学問となった。儒教については、「漢の時代の学問は古代の学問に近いが、実行を疎《おろそ》かにした。宋の時代の学問は、朱子学や陽明学など実践躬行に努めたので、その功績は大きい」と述べている。

(2)　「悌順を尚び、客気を戒む」

正志斎の講義は、ゆったりと落ち着いた態度で、聞く者は感激して身がすくむほどであった。常に人の善い言行を誉め称え、人の悪事を言うことを嫌った。

正志斎は、門人への戒めとして、「悌順を尚び、客気を戒め、名節を砥励《しれい》す。士気を振起するを務となす」と諭した。学問をしようとする者は、年長者の言うことを素直に聞き入れ、血気にはやる心を抑え、名誉と節操を大切にすることを奨め、物事をやり抜こうとする気力を振い起すことを目標とするとした。

また、当今の教育は、人の性格や能力のことを考えずに、皆同じような人物にしようとしている。少しでも異論を主張すると、異学（正統でない学問）として排撃する。また相手の小さな欠点を探し出して悪く言う。逆に善を助長させようとする気持ちが少なく、言葉では厳しく言うが、実行は緩慢である、と批判した。

これら「行実」に記すところの正志斎の教育は、『及門遺範』に記すところの幽谷の教育と共通するところが多い。正志斎が藤田家の学を継ぐものとして、その教えを忠実に守り伝えようとした態度からして当然のことであろう。そこには正志斎が、師の教えをひたすら尊崇した純粋で誠実な人柄が感じられる。

ただ、講義の様子については、幽谷は朴訥《ぼくとつ》ではあったが、聞くものを激発させるものがあり、一方、正志斎は悠長とした話しぶりで、相手を感動させ心服させるという、性格の違いを感じさせる。

3　他藩士の遊学

幽谷の「青藍舎」時代の塾生は水戸藩内の子弟がほとんどであったが、正志斎の時代になると他藩からの遊学生（留学生）が増加したことに特色がみられる。彼の名声は広く天下に轟き、有志から景仰の的となってきたのである。

「行実」には、「従学の士、四遠より踵《いた》る者、勝《あげ》て数ふべからず。諸侯、遥かに贄《にえ》を執《と》り道を問ふ者有るに至る」と記している。

この間、内外の圧力が高まる中で、後に日本を動かす大人物二人が水戸を訪ねていた。その一人が、久留米の真木和泉守であり、そして長州の吉田松陰であった。（『他藩士の見た水戸』参照）

(1)　真木和泉守、来る

真木和泉守（一八一三〜一八六四）は、九州久留米藩（福岡県）の水天宮の神官で、名を保臣《やすおみ》、号を紫灘《したん》といった。楠木正成を尊崇して例年「楠公祭」を行い、「今楠公」と呼ばれた。同藩の木村士遠が水戸遊学を終えて、持ち帰った『新論』を読み、「一読三歎、奮然」として志を立て、直ちに水戸に遊び、正志斎に入門した。それは「弘化甲辰の変」の二カ月後のことで、時に、和泉守は三十二歳、正志斎は六十三歳であった。（『紫灘遺稿』序）

その時の日記が『天保甲辰日記』で、その天保十五年（弘化元年）七月二十日のところに、

鶏鳴乃《すなわ》ち発す。漸く水戸の部に入り、途潤《みちひろく》して樹茂る。亦政之美を見るに足る。

と記した。水戸領に入ると、道は広く沿道の樹木も茂り、水戸の政治は素晴らしいとの感想を述べ、沿道の農家に立ち寄りお茶を請うたところ、年老いた農民も、水戸藩の政治の見事なことを説いたと記している。

そして水戸の宿屋に投宿して夜を待ち、正志斎を訪ねて挨拶をし、「学制略説」を借りて帰り筆写した。翌日には正志斎から呼ばれて訪問し、水戸の有志と談論して夜になった。その時に、正志斎から、「今、水戸藩は、大変な時であるが、内々で自分の塾に宿泊しても良い」との申し出を受けて「深切、感佩《かんぱい》に堪えず」と感激したが、「予の故を以て翁を病む。師弟の義において不可とする所」、自分のために先生に迷惑をかけることになっては申し訳ないとして辞退し、青柳村に宿泊した。当時は他藩の人を宿泊させることを禁じられていたのである。

その後、日下部《くさかべ》伊三治《いそうじ》の案内によって、瑞龍山《ずいりゅうさん》や西山荘を詳しく見ることができた。また豊田天功を訪問したが、病のため面会できなかった。そうしている内に江戸に居た同藩の佐田

修平から書が届き、長崎にイギリス船が入港したので至急帰国せよとの命により、七月二十七日に水戸を去った。その間、僅かに八日間、正志斎に会ったのは四回であった。

和泉守は正志斎に対して、「師弟の義」という言葉を用い、また「会沢先生を夢む」（「南遷日録」）として、夢の中で正志斎と問答したことが記されており、正志斎とは、短期間の水戸滞在であったが、師弟の関係ができていた。

特に和泉守は『新論』の国体論に啓発されたところが多く、文久元年の孝明天皇への上奏案において、「宇内《うだい》一帝を期する事」を第一条に掲げて、「固《もと》より我国は大地の元首に居て、地理を以ても四方に手を展《の》ぶるに甚だ便なり」と述べているところは、『新論』冒頭の一文に通じるものがある。

この和泉守は、吉田松陰亡き後、天下の志士の指導的立場となって活躍し、元治元年（一八六四）、「蛤《はまぐり》御門《ごもん》の変」（禁門の変）に際して、長州藩勤王の士、久坂玄瑞らと共に奮戦して敗れ、

大山の峰の岩根に埋めにけり　わが年月の大和だましひ

の辞世を残して、正志斎の同門の松浦八郎等の同志と共に天王山で自刃した。

(2) 吉田松陰の訪問

松陰が水戸を訪れたのは、和泉守の来水から七年後の嘉永四年(一八五一)十二月十九日のことで、翌年一月二十日に水戸を辞去して東北の旅に出発するまで、水戸を中心に偕楽園や西山荘などの史跡を訪ねた。この間、正志斎を訪れたことは、その『東北遊日記』によれば、前後七回、中一回は留守、一回は辞去の前日に別れを告げるための訪問であった。その他に豊田天功などとも意見を交換した。松陰の水戸訪問の目的は、『新論』を読んで、正志斎を通じて水戸学に触れようとしたことであったと思われる。

嘉永四年の時、正志斎は七十歳であったが、二十二歳の松陰は、この老翁が国事を談ずるのを聞いては、「矍鑠《かくしゃく》たる哉、此の爺や」と感歎した。

嘉永五年正月十七日に訪問した際の日記には、

会沢を訪ふこと数次、率《おおむ》ね酒を設く。水府の風、他邦人に接するに、款待《かんたい》甚だ渥《あつ》く、歓然として欣《よろこ》び交へ、心胸を吐露して、隠匿《いんとく》する所なし。会々《たまたま》議論の聴くべきものあれば、必ず筆を把《と》りて之を記す。其の天下の事に通じ、天下の力を得る所以か。

と記した。松陰が訪ねて来ると酒を出し、何ら隠すところなく歓迎してくれた正志斎に松陰は感激した。また、水戸の有志は大事なところは筆記していたことにも、これが天下のことに通じる理由であると書き留めている。

正志斎が、四十八歳も年下の遠方から訪ねてきた初見の青年を温かく迎えたことは、幽谷仕込みの水戸の気風であり、他藩には見られない藩風であったと述べている。

松陰遊学の地に建つ石碑（南町）

正志斎が松陰に与えた最も大きな影響は、我が国の歴史を系統的に研究せねばならないことを悟らせたことであろう。彼が来原《くりはら》良三に送った書簡に、

客冬、水府に遊ぶや、首《はじ》めて会沢・豊田の諸子に踵《いた》りてその語る所を聴き、輒《すなわ》ち嘆じて曰く、「身、皇国に生れて皇国の皇国たる所以を知らざれば、何を以てか天地に立たん」と。帰るや急に六国史取りて之を読む。（嘉永六年六・七月頃、「来原良三に復する書」）

と述べ、水戸の歴史学に基づく国体論に大いに啓発されたことを明らかにしている。

後に門人の赤川淡水《おうみ》が水戸に遊学するに際して、次のように助言した。
古代の学問や芸能は、すべてにおいて師承するところがあって継承発展してきた。近頃の学問をする者は、「前輩を軽んじ、師儒を慢《あなど》る」風潮が広まり、正しい教えが廃れてしまう恐れが出てきた。そこで、注意すべきことを述べておきたい。

夫れ常陸の学は天下の推す所にして、而して其の老輩碩師《せきし》、皆な師承する所あり。（中略）嗚呼、淡水、師道を慢ること勿れ。私見を立つること勿れ。取捨去就、唯先生にこれきかば、則ち古道及び難からざるなり。（「赤川淡水の常陸に遊学するを送るの序」）

と述べて、水戸の「師道を尚《とうと》ぶ」ことを学び、私見を捨てて先生に従うべしと送り出した。

その後、松陰は安政元年（一八五四）、アメリカ船への渡航に失敗し投獄されるが、獄中で『孟子』の輪読をして道を説き、帰宅を許されてからも松下村塾において講義を続けた。その講義が『講孟劄記《さっき》』で、松陰の高邁《こうまい》な理想と政略が表れ、代表的な著書として広く読まれた。その後、安政の大獄に連座して、大老井伊直弼によって処刑された（三十歳）。その辞世は次のようなものであった。

親思ふこころにまさる親ごころ　けふの音づれ何ときくらん
身はたとひ武蔵の野辺に朽《くち》ぬとも　留置《とどめ》まし大和魂

4　将軍家定に謁見

安政二年、正志斎は小姓頭《こしょうがしら》を兼ねて弘道館の教授頭取（総教）に復職し、役料二百石を給された。次いで新番頭列《しんばんかしられつ》となり、文久二年には新番頭の上、馬廻頭《うままわりがしら》の上座列となった。

同年八月十五日、十三代将軍家定は、諸藩の老学者を召して謁見した。その時に正志斎もその光栄に浴した。時に七十四歳であった。将軍から、刀、鞍、鐙《あぶみ》、そして黄金百枚が贈られ、あわせて「義公の遺志を継述して、精励するように」との言葉を賜った。藩主慶篤は大いに悦び、恩賞として名刀を賜り、斉昭も、盆松や手炉《しゅろ》（手あぶりの火鉢）などを賜り、親書を与えて、「今日の光栄は、これを前の幽囚に比べて、何と隔たりがあることであろうか。汝は、実学を人の先頭に立って主張してきたが、今日の恩に負《そむ》くことなく一層勉励せよ」（「行実」）と励ました。

この時、褒賞を受けた人々は、正志斎の他に、会津藩の黒河内十大夫（長沼流軍学者。六十二歳）、津藩の斎藤徳蔵（藩校有造館の督学。五十九歳）、津山藩の箕作阮甫《みつくりげんほ》（藩医。蘭学者。六十一歳）、高崎藩の市川一学（兵学者。七十八歳）などであった。（名越漠然「会沢先生墓表」の頭注。『水戸史学』六十三号所収）

5　東湖、正志斎の栄誉を幽谷に報告

正志斎の表彰を喜んだ東湖は、「幽谷藤田君に告ぐるの文」を作り、父の墓前に報告した。君（幽谷）は、早くから斯文《しぶん》（聖人の道）の衰頽を歎いて、学問を講じ、神聖の大道を明かにしようと努めてきた。しかし、その志を実現する前に亡くなった。君に早くから教えを受けて、学問の深いところに達していたのは、安《やすし》（正志斎）であった。その安は八月十五日、大将軍から、特命により賜物を用意して招かれ、江戸城に謁見した。そもそも正学が興隆するか衰退するかは、斯文の盛衰に関わるところである。また君子が窮迫するか任用されるかは、国家の盛衰に関わるところである。従って今日の将軍の表彰のことを君が知れば、必ず斯文のために、また必ず国家のために慶賀することでありましょう。（要約）

このように報告して、学問の興隆の時が至った証であると喜んだのである。同時にこの告文は、先輩正志斎への祝意と敬意を示すものであった。（「東湖遺稿」『東湖全集』所収）

6　江戸大地震、戸田・藤田の両田死す

このような慶事が続いた安政二年であったが、その十月二日の夜、江戸に大地震が起こり、大きな不運が襲いかかった。水戸藩の中枢にあって斉昭を輔佐してきた江戸家老戸田忠敞《ただあきら》（蓬軒）と側用人藤田東湖の二人が江戸小石川邸で圧死した。それはその後の水戸、またそれ以上に我が国にとっては大きな損失であった。正志斎には、弘化甲辰の変以来の幽囚の日々は、恵まれない時期ではあったが、東湖も健在であり、二人で正気を発揮して苦難を克服してきた同志であり、後事を託すべき後輩でもあった。その意味で、この天災は、正志斎にとっても大きな不幸であった。

7　正志斎、震災の機に乗じ幕政変革を建白

「正志斎封事稿」の中に、安政二年十月二十四日付の「震災の機に乗じ幕政変革并後宮の件」と題する一文がある。正志斎は、震災の時、水戸にあり、病床に就いていたが、この事件を聞

いて直ちに斉昭に封事を呈した。

この度の天変が江戸近辺のみで起こったことは、幕府以下諸侯に至るまで、天の戒めとして畏《おそ》れなければならない。反省すべき急務は、天下太平の世にあって人々が「柔弱奢侈《しゃし》」を改めることであり、中でも後宮（大奥）の費用を省くことが第一である。また、この時節は「攘夷」が急務である。江戸市中が繁盛に過ぎ、防禦《ぼうぎょ》の妨げになっている。今や世界はみな神州を侵略しようと窺っている時勢であるから、世は戦国であると心得て、戦闘の備えを専らにすべきである。「天戒を畏れ、禍を転じて福」となす良い機会であるので、壮麗の家作を禁じ、海岸は空き地を多くして戦いの備えを設けることが必要である。（要約）

8 『新論』の公刊と孝明天皇への呈上

安政四年に至り、『新論』が正志斎の名を掲げて、初めて公然と出版された。それは異本の流行を憂慮した版元の勧めであったことが跋文に記されている。それより名声はいよいよ天下に高まり、入門者もまた多くなった。

その出版許可の背景には、ペリーの来航以後、条約調印の対応について広く諸大名の意見を聴取することになり、従来、幕府の役職以外の者が幕政に介入することを禁じていた掟が崩壊し、世の中が大きく変わりつつあったからである。

一方、『新論』が幕府の警戒の目を潜って、孝明天皇へ呈上された。その経路は、当時の憂国の志士が苦心の結果、三条実万《さねつむ》の膝下に近づいて目的を達したものである。

吉田松陰門下の入江子遠（九二）が草稿のまま遺した著書「伝信録」の中に、孝明天皇の御聖徳について、次のような記事がある。

（孝明天皇は）兼て御学問を好ませ給ひ、柳原大納言、御素読を上げられしと云ふ。或いは曰く、貞観政要、孝経の外は御覧に備へ奉らざる事、年来の弊なり、是も関東（幕府）の所為とこそ聞えける。三条実万卿、此事深く歎かれければ、密に水戸会沢安の著す所の新論一部を上《たてまつ》らる。是れ嘉永五年の事とこそ承る。（北条重直『水戸学と維新の風雲』）

この記述の背景には、幕府が元和元年（一六一五）に制定した「禁中並《ならびに》公家諸法度」の第一条に「天子諸芸能の事、第一御学問なり。……貞観政要に明文なり」と規定し、和歌も天子の教養として学ぶことを勧めているが、『日本書紀』などの歴史書や『神皇正統記』、水戸学関係の書物などは目に触れないようにし、併せて剣術の稽古なども厳しく禁止した。山崎闇斎門流の竹内式部が廷臣に尊王思想を説いて重追放になった宝暦事件（一七五八）や山県大弐《だいに》らが尊王を唱え、死刑になった明和事件（一七六六）などは、幕府の警戒を示した一例である。従って、この時節に、『新論』が呈上されたことは、誠に重大な意味があるとみるべきである。

孝明天皇の宸翰や勅語の中にも、『新論』に関係すると思われる文言を窺うことができる。

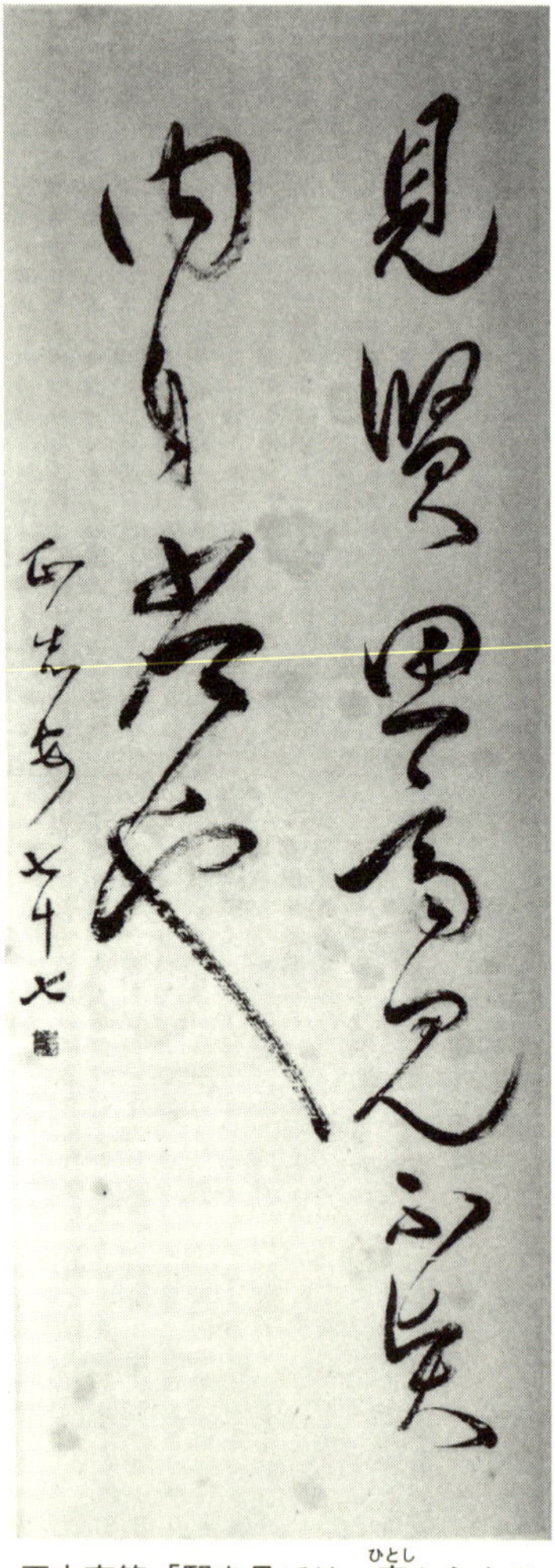

正志斎筆「賢を見ては、斉《ひとし》からんことを思ひ、不賢を見ては、内に自ら省《かえりみ》るなり」（『論語』里仁篇）（『維新志士遺芳帖』所収）

十三　開国、ペリーの来航と斉昭の幕政参与

1　近代化を遂げた欧米列国のアジア接近

我が国が、鎖国体制を確立して、二百年の大平の眠りを貪《むさぼ》っていた間に、西洋列国の情勢は大きく変化していた。十六世紀以来、アジアにおける西洋勢力の動きは、初期の「布教と貿易」を掲げ、香辛料獲得などの商業権益の拡大を目指すものから、次第に領土の獲得へと移り、各地に植民地を築いてきた。

中でもイギリスは、十七世紀末に市民革命を達成し、十八世紀後半から始まった産業革命は、ヨーロッパ各国やアメリカ大陸にも波及していった。

彼らは産業革命により大量生産される商品を売りさばいて、原料を入手できる植民地獲得を目指し、アジアに進出してきた。

2 ペリー来航の背景と和親条約の交渉

アメリカは、十九世紀後半に西部開拓を進めて太平洋に達し、西洋列国と競いながらアジア諸国を窺《うかが》い、対中国貿易の中継地として、また北太平洋捕鯨船の難破船の救助、燃料や食糧の補給地として、日本の開国を求めてきた。

弘化三年（一八四六）、アメリカ東インド艦隊司令長官ビッドルが軍艦二隻で浦賀に初めて来航し、開港を要求したが、幕府は鎖国の国法を理由としてこれを拒絶した。次いで嘉永六年（一八五三）六月三日、アメリカ東インド艦隊司令長官兼遣日特使のペリーが軍艦（黒船）四隻を率いて江戸湾の入り口、浦賀沖に現れた。かねてからペリーは、日本を開国させるためには軍事的な圧力が必要だと考え、黒船に護衛させた測量艇を江戸湾深く侵入させて江戸城の老中らを威嚇し、久里浜において、浦賀奉行に開国を求めるフィルモア大統領の国書を受け取らせ、一年後に再来を予告して十二日に退去した。

このペリーの来航はすでに前年の「オランダ風説書」で予告されていた。その中で、アメリカの軍事的圧力によって開国させられるより、オランダと平和的に外交関係を結ぶ方が得策であると訴えたが幕府に無視された。

一方、同年七月十八日には、ロシアの使節プチャーチンが軍艦四隻を率いて長崎に来航して、開国と国境確定を要求した国書を幕府に受領させ、次いで十二月五日に再び長崎に来航した。

ペリー上陸図

この動きを察知したペリーは、予定を早めて、安政元年一月十六日、軍艦七隻を率いて再び渡来し、幕府に圧力をかけつつ横浜で交渉を行ない、条約の締結を強硬に迫った。
幕府は止むなく、同年の三月三日に日米和親条約を調印した。内容は、①燃料・食料を供給すること、②難破船と乗組員を救助すること、③下田・箱館の二港を開いて領事の駐在を認めること、④一方的な最恵国待遇を与えることなどであった。しかし、「通商」はあくまでも拒否と回答し、ペリーはこれを受け入れた。ここに寛永十六年（一六三九）以来二百年余り続いた鎖国体制は終りを告げた。
次いで、イギリス・ロシア・オランダとも同様の内容の和親条約を結んだ。

3 斉昭の幕政参与と正志斎の建言

(1) 防海参与の要請と備蓄の武器を献上

ペリーの再来と和親条約の締結など外患が一気に押し寄せたため、国内では攘夷の気運が高まり、世上にはさまざまな対策論が出てきた。正志斎は、既に二十年前に『新論』を著して藩主に献策し、憂慮していたことが現実問題となってきたので、かねて思索してきた持論をもって、斉昭に建白し、次々に採用された。

斉昭は、かねて水戸藩が備蓄していた武器を幕府に献上することを申し出て、大砲、弾薬、諸器械を運搬し六月十八日には江戸へ届けた。江戸中での水戸様の人気は急上昇したという。

太極砲（常磐神社義烈館蔵）

(2) 斉昭、海防の幕政参与に就任、「海防愚存」を提出

嘉永六年六月晦日、幕府は、斉昭が海防の幕政参与に就任することを決定し、七月三日、斉

昭に隔日登城して老中に意見を具申するよう命じた。また戸田忠敞・藤田東湖に対し、斉昭の海防参与を補佐するため海岸防禦御用掛を命じて定府とした。

斉昭は、まず幕府中枢部の意見を統一して、全国に幕府の意志を貫徹させ、軍備を増強しようとした。嘉永六年七月八日、斉昭は海防方策として「海防意見十カ条」を立案して幕府に進言した。

①和睦か決戦か、基本方針を決定すること。②決戦と定めたならば全国に命令を下し、武士から庶民に至るまで総力をあげるよう命令すること。③長崎のオランダ人に命じて軍艦・銃砲・造船技師・航海士らを提供させること。④幕府・諸大名は分限に応じて大砲を鋳造すること。⑤武術の訓練を命ずること。⑥銃砲の扱い方を訓練すること。⑦海岸防備を厳重にし、庶民を兵隊に加えること。⑧兵法を臨機に応用すること。⑨兵糧を十分に確保すること。⑩神社を尊び、耶蘇教は厳しく禁ずること。

更に七月十日、斉昭はこの十カ条を敷衍して提出した。それは「海防愚存」と題し、前述の十カ条のうち、第一条を基本として力説し、その他の各条を詳しく説明したものであった。そしてまた、八月三日、斉昭は再び「海防愚存」と題し十三カ条を進言した。

この二つは「海防愚存」として世上に流布した。

(3)「海防愚存」と『新論』の影響

この斉昭の建言の主要な内容は、すでに『新論』に具体的に詳述されているところであった。その幾つかの例証を上げて、正志斎の先見の明を改めて確認しよう。

① 「和睦か決戦か」については、「守禦《しゅぎょ》」篇に、「およそ国家を守り、兵備を修むるには、和戦の策、まづ定めざるべからず」とある。

② 「全国に命令を下し、人心を統一する事」については、「守禦」篇に、「昔者、蒙古嘗て無礼を我に加へしとき、北条時宗、断然として立ちどころにその使を戮《りく》し(みなごろし)、天下に命してまさに兵を発してこれを征せんとし、……故に億兆心を一にし、精誠の感ずるところ、よく風浪を起し、虜を海上に殲したり」とある。

そして建言の③から⑨にいたる内容は、「守禦」の中で、「曰く屯兵を置く、曰く斥候を明らかにす、曰く水兵を繕《おさ》む、曰く火器を練る、曰く資糧を峙《そな》ふ。この五者、以て創立せざるべからざるなり」とあり、その主要な献策はすでに『新論』で論じたところであった。

(4)「馭戎ノ件」の封事

また、「正志斎封事稿」の中に「馭戎ノ件《ぎょじゅう》」の一書がある。安政元年の頃とされるが、正志

斎は次のように述べている。（大意）

①　大平の余弊に慣れた我が国は、百戦錬磨の外国人に対抗するには、非常の決断が必要である。この世の中は戦闘の時代であると上下とも決心して、天下の人民は皆な死地に陥らせなければならない。（戦国の世と認識）

②　我が国からは、国法（鎖国）ではこのようになっていると説明しても、彼らはこのように言うであろう。「我々は四海を周流し、世界を通観した大見識を有している。日本で国法と言うのは日本だけの事であり、世界には通用しない」として打ち消されてしまうであろう。（鎖国の法は世界には通用せず）

③　そもそも万国の風土は一様ではない。万国の中には、庶物滋生して、他国の産物を必要とせず、国内の物で生活に不足がない国もある。また一つの物が盛んであって他の物が乏しい国もある。そのような国は、多い品物をもって他国と貿易して民用を足らしている。西洋は貿易をもって国を立てた国であり、我が国は開闢《かいびゃく》以来、産物に不足はなく、瑞穂の国と称して、農業を本とし、商業を末として、通商貿易は風土に合わず、鎖国の国法も風土人情によって立てた自然の天道であるから、数千年も慣習として国民は不自由なく暮らしてきたのである。（交易不用論）

この他に「馭戎及び銃陣改良等の件」などの封事がみえる。

この時期に正志斎の執筆したものとして注目すべきものは、「銃陣論」（安政二年）及び「禦侮《ぎょぶ》策」（安政二年）と、文久二年の「時務策」であろう。「銃陣論」は、安政二年水戸藩で始められた銃陣の制に対する見解を述べ、「真の神州の兵となしたき」ため、「心胆を練るを以て手足を練るよりも先きにすべ」きことを説き、それには「神州に生れては少小より戎狄《じゅうてき》を賤悪して、天朝を尊奉せしむるように教え立」てねばならないと主張するなど、軍事教育の必要性を説いた。「禦侮策」は阿部正弘に上書されたものといわれ、外国の侮りを禦《ふせ》ぐべきことを述べている。「時務策」については、改めて後述したい。

このように外国に対処するためには、まず国体的自覚が第一であるとすることは、正志斎の政策論のすべての出発点であった。

十四　継嗣問題と修好通商条約の調印

1　朝幕関係の転換

(1)　孝明天皇の即位と外国問題に関する勅書

朝廷は、長らく政権を幕府へ委任された形であったため、幕府政治への介入は控えていた。文化元年(一八〇四)にロシアの使節レザノフが長崎に来航し、通商を拒絶された腹いせに択捉《えとろふ》などの日本側施設を破壊する乱暴を働いた。この事件を文化四年に幕府が朝廷に報告したことから、朝廷の幕政関与の契機となり、朝廷を統制下におく幕藩体制が崩れていく始まりとされる。時に朝廷には光格天皇がおられ、将軍は家斉であった。

その後、弘化三年(一八四六)二月六日に、仁孝《にんこう》天皇が崩御され、同月十三日、孝明天皇が践祚《せんそ》された(十六歳)。それよりわずか四カ月後の閏五月二十七日にアメリカのビッドルが浦賀に来

孝明天皇肖像

航し国交の開始を要求したが、幕府はこれを鎖国令を理由に却下した。それらの様子をお聞きになり、我が国の安全と独立、国民の平安が侵されることを憂慮された孝明天皇は、長年の慣例を破って、八月二十九日、幕府に海防に関する勅諭を下された（海防勅諭）。

それには、「征夷大将軍」たる本務を自覚し、「武門之面々、洋蛮の小夷を侮《あなど》らず、大賊を畏《おそ》れず」外夷に毅然として対処するようにとあり、幕府の対応を督励されたものであった。

これが外国問題について朝廷から幕府に対して下された最初の勅書であった。この時はペリー来航の七年前であったが、この勅旨に対して、幕府は適切な対策を講じなかったため、その後の日米条約の交渉に際して朝廷と幕府との複雑な対立に発展していくのである。

(2) 将軍宣下と勅使派遣、幕政への関与の端緒

嘉永六年（一八五三）六月二十二日、将軍家慶が薨去し、次いで、家定に将軍宣下があり、十月

二十七日、武家伝奏三条実万《さねつむ》・坊城俊明を勅使として江戸城に遣わし、勅旨を伝えさせた。その際、幕府に対して、外交について天皇の憂慮を直々に説明させた。

時の老中阿部正弘は三条実万らとの会談の中で、「天皇がこのようになされたいと思し召されることがありましたら、遠慮なく仰せ下されれば、そのように取り計らいいたします」と実万に何度も申したという。これから幕政の重大な問題について朝廷の御意向を伺う態勢が強まっていった。

2 日米和親条約の調印と奏聞

(1) 日米和親条約の勅許

安政元年(一八五四)三月三日に、日米和親条約を調印した時にも、幕府は四月二十九日、京都所司代脇坂淡路守安宅《やすおり》をもって、その間の事情を奏聞させた。これに対して、朝廷は、「方今、水陸軍事全備これなき上は止むを得ざる儀」であるとして、今回の調印について一応は勅許された。しかし、この状態が続いて、外国が次々に渡来すれば、「国家疲弊に及び国体いかが」になるかとの不安を表明された。これらの憂いが現実となりつつあった。ともあれ安政二年以前における外交処置は、一度は朝廷の是認を得られ、公武の矛盾対立は起こってはいなかった。

(2) ハリスの登城と朝廷の反撥

安政三年(一八五六)八月に米国総領事ハリスが来日して、下田に駐在することを奏上し、次いで同四年八月、ハリスの登城謁見を許可したことを奏上したことから、公卿の中には「容易ならざる国家の汚辱」となして、幕府の処置を非難する意見が出てきた。

そして安政四年(一八五七)の末、アメリカとの通商条約の交渉が進展して、幕府はこれに調印することに決定したが、調印に先立ち米使との応接の顚末を京都へ奏上すべしとして、十二月、林大学頭煒《あきら》(復斎)、目付津田近江守正路を上京させて経過を説明させた。

(3) 三家以下諸大名の群議の決を待つ

朝廷は翌五年正月十四日、三大臣及び議奏・武家伝奏ら十二人に外交の意見を言上させた。その答議の要旨は、米国は我が国を併呑する野望を有し、通商に託して人民を誘惑するものと疑い、「三家以下諸大名の群議の決を待ち、皇国安全の策を講ぜられたし」ということにあり、林大学頭の言上に対しては、遂に何らの仰せもなく、やがて大学頭は江戸に戻った。

その頃、幕府においては、条約の勅許を奏請することに決して、安政五年正月八日、老中堀田備中守正睦《まさよし》・勘定奉行川路左衛門尉聖謨《としあきら》・目付岩瀬肥後守忠震《ただなり》を上京させることにした。

(4) 老中堀田の上京、条約の勅許を奏請

安政五年(一八五八)二月五日、老中堀田が上京、九日、参内して前例に従い朝廷へ黄金・香木を献上し条約の勅許を奏請した。

これに対し、二月二十三日、天皇は日米修好通商条約のことは、「国家の安危、人心の帰向」に関わるものであるから、水戸・尾張・紀伊の三家はじめ諸大名の意見を聴取した上で、朝廷の外交方針を決定されたいとの叡慮を堀田に伝えて幕府にその提出を強く求めた。

同年三月五日、堀田は、老中奉書を呈上し、速やかに条約勅許を賜るように奏請した。ところが三月十二日、関白九条尚忠《ひさただ》の勅許容認論に対して、岩倉具視《ともみ》、大原重徳《しげのり》ら公卿八十八人が参内して抗議した。同月二十日、堀田等を召されて、口頭で、条約調印後にどのような問題が起こるか予測できないと群臣が主張しているので、先日の三家はじめ諸大名の意見を聴取した上で、再度、勅裁を請うよう命じられた。しかし、幕府は、二月二十三日の勅書に示された三家以下諸大名の意見を上奏することができなかったために、条約の勅許は下されなかった。

3　井伊直弼の大老就任と無勅許調印

(1)　井伊、大老に就任、条約調印と将軍継嗣を専断

日米修好通商条約の調印について勅許が下されない情況の中で、そのころ同時に将軍継嗣のことが問題となっていた。これには慶福《よしとみ》を推薦する紀州派と慶喜《よしのぶ》を推す一橋派に対立していたが、紀州派の水野土佐守忠央《ただなか》らの画策により、将軍の内意を受けて、安政五年四月二十三日、紀州派に組する彦根藩主井伊直弼《なおすけ》が大老に就任した。これより条約調印と将軍継嗣の二つの懸案事項が大老の専断により一挙に決着することになる。

(2)　諸大名の意見聴取、水戸・尾張藩主の反対表明

安政五年四月二十五日に、幕府は条約調印に関する勅書を三家以下の諸大名に示して意見を聴取することにした。そこで五月一日、徳川慶篤《よしあつ》(水戸藩主)・徳川慶恕《よしくみ》(尾張藩主、慶勝)の両名は、条約調印に反対である旨を答申した。慶篤としては、斉昭の主張するところの、まず国内の武備の充実を先決とし、しかる後に開国すべしとの立場を主張した。また慶恕は、開国すれば将

来皇国の維持は困難となり、蛮夷の手段を信用せば、ついには異国の風俗になり、痛歎に堪えないというものであり、あくまでも朝廷の御意志を尊重するとの立場であった。

(3) 大老井伊の専断により慶福(家茂)と決定

嘉永六年、黒船の来航直後、将軍家慶が六月二十二日に薨去した。その混乱の中で、幕府は日米和親条約に調印した。家慶の後を継いだ家定は病弱で言動も定かではなかったが、将軍就任後、更に病状を悪化させ、政務が満足に行えなかった。しかも子はなく、その後継者問題が急浮上した。これを憂慮した島津斉彬《なりあきら》・松平慶永・徳川斉昭ら有力な大名は、「年長・英明・人望」を条件として、大事に対応できる将軍を擁立すべきであると考えて、斉昭の実子である一橋慶喜の擁立に動き、老中阿部正弘もこれに加担した(一橋派)。これに対して保守的な譜代大名や大奥は、家定に血筋が近い従弟の紀伊藩主徳川慶福《よしとみ》(家茂)を擁立しようとした(紀州派)。

安政五年、両派ともそれぞれ活動を始め、一橋派は、慶永の家臣の橋本左内(景岳)、紀州派は、井伊直弼の家臣の長野義言《よしとき》(主膳)を京都へ送り、朝廷の有利な言辞を得ようと奔走し、一時は慶喜に決定するかに見えた。しかし、四月に大老井伊の出現によって形勢は逆転し、六月二十五日に、家定の名で後継者を徳川慶福とすることが発表され、七月六日に家定が三十五歳で薨去すると、慶福は「家茂」と改名して新しい将軍となった。これは大老井伊の専断であり、家定はすでに重病であり政務を執る状態ではなく、しかもこの決定は秘密にされていた。

(4) 無勅許調印、「宿次奉書」よる届出

幕府は、勅書の意向により、諸大名の意見を求めたが、その一致を見ることができないため奏聞に至らず、ついに六月十九日、大老の内諾を得て、応接掛の井上清直・岩瀬忠震は、神奈川において日米修好通商条約に調印するに至った。それを聞いた水戸斉昭・慶篤父子、尾張慶恕らは、六月二十四日に不時登城して、無勅許調印を大老に詰問したが、大老はまともには応じることはなかった。

六月二十一日、老中連署して条約調印の経緯を「宿次《しゅくつぎ》奉書」をもって朝廷へ進奏した。「宿次奉書」とは老中奉書を宿駅の飛脚をもって届けることであり、孝明天皇は「捨届《すてとどけ》同様」の非礼であるとして幕府の処置を強く批判された。なお、将軍継嗣も「宿次奉書」で届けていた。

直弼は、無勅許調印の責任を自派のはずの老中堀田正睦、松平忠固《ただなり》に着せて閣外に逐いやり、井上清直、岩瀬忠震らも左遷した。代わって太田資始、間部詮勝、松平乗全を老中に起用して閣内を固め、尊王攘夷派の活動に対して、幕府の強権をもって対処しようとした。

4　譲位の勅諭

(1)　初度の譲位の勅諭

安政五年六月二十八日、天皇は、幕府の進奏を受け、非常に激怒され「時勢の此に至るは聖徳の及ばざるなり」として関白等に譲位の勅意を下される事態に至った。（初度の譲位勅書）

関白九条尚忠らは非常に驚き、懸命に譲位の御意志を止め、廷臣と評議の結果、三家・大老の一人を京師に呼んで事情を説明させるということで、ようやく御了解を得ることができた。

(2)　三家・大老の召命と三家らの処分

六月二十九日、朝廷は、三家・大老の一人を京都に派遣させる勅諚を幕府に下した。これを請けた大老直弼は、すこぶる窮地に立たされた。すなわち、三家の中で紀州藩主慶福は次期将軍として江戸城にあり、上京可能な者は、水戸藩主慶篤（又は斉昭）、尾張藩主慶恕より他はなく、この両者は早くから条約調印に反対を表明しており、仮にこの者が上京すれば、すでに調印した条約も勅諚をもって無効にされ、更には将軍継嗣の問題も一橋慶喜に決定されかねない事態も十分に予想された。そこで大老は遂に非常の手段に出るのである。

七月五日、大老は、徳川斉昭に急度慎《きっとつつしみ》、徳川慶恕・越前藩主松平慶永に隠居・急度慎を命じ、翌日には、水戸藩主慶篤の登城停止を命じた。

安政五年七月十八日、幕府は老中の書を武家伝奏に送り、三家の召命は不測の事故が起こったため、勅諚に応じがたいことを詫びて、また大老は政務が繁忙のため、上京を延期されたいと述べ、代わりに老中間部詮勝に御使として上京を命じたことを奏上した。

(3) 再び譲位の勅諭と勅諚降下案

八月五日、今回の三家・大老の召命の勅命を幕府が拒否したことにより、再び譲位の勅諭が下された。左大臣近衛忠熙《ただひろ》、右大臣鷹司輔熙《すけひろ》等はこれをお止めするため、衆議の結果、遂に勅書を幕府及び水戸藩に下し、天皇の御意向を伝えて、内外の治安に対処させることになった。この間に鵜飼吉左衛門や日下部伊三治《くさかべいそうじ》ら在京有志らの周旋もあったといわれている。

しかし、勅諚降下については天皇自らの勅意であったことを述べられており、また、三条実万もこれを証言している。(『孝明天皇紀』)

十五　勅諚（戊午の密勅）降下

1　大老井伊への批判拡大

条約調印をめぐって幕府と朝廷との緊張状態が続く中で、大老井伊は、あくまでも幕府の威権を振りかざして朝廷に圧力を加え自分の意見を通そうとした。このような事態の中で、ひそかに水戸・尾張藩などの有力大名に勅諚を下して、幕政の改革を図ろうとする動きが出てきた。幕府が勅諚を無視して、先には日米修好通商条約に調印し、さらには三家を隠居・謹慎の処分にして上洛説明の朝旨を拒否したこと、その横暴許し難いとの憤激が京都を初めとして志士などの間に充満してきた。

薩摩の西郷隆盛は、井伊の横暴は幕府から人心が離れ、糾弾する好機会であるとして、使者を国元へ送り、藩主島津斉彬《なりあきら》が精兵を率いて上京するよう促したのであるが、七月二十四日、国元から急飛脚が届き、斉彬が急逝されたとの報せがあり、朝廷並びに諸有志など一様に驚愕落胆した。

2　勅諚降下の経過

勅諚（戊午の密勅）は安政五年八月八日付をもって、議奏（天皇に近侍し、勅命を公卿以下に伝える役職）から鵜飼吉左衛門へ渡された。鵜飼は自ら動くと何事か悟られる恐れがあると要心して、子息の幸吉を使者として即日京都を発って江戸に向かわせ、十六日の夜に江戸に到着し、水戸家の家老安島帯刀を訪ね、その旨を報告した。直ちに安島は幸吉を伴って慶篤に伺候した。慶篤は深夜不意の参上、勅諚と聞いて沐浴して勅書を拝し、翌十七日、駒込邸に使いを遣わして勅諚のことを斉昭に報せた。斉昭はこれを拝受することに決し、十八日にその受書を認《したた》めて幸吉に渡し、幸吉は即日江戸を発して京都に向かった。

なお、水戸藩への勅諚は万が一の事故を想定し、日下部伊三治に副書を持たせ東山道から江戸への路をたどらせた。また、幕府へも同様の勅諚が下され十八日に幕府に達した。

ところで、この勅諚の決定の時に、関白九条尚忠は病気と称して朝議を欠席し、関白の署名

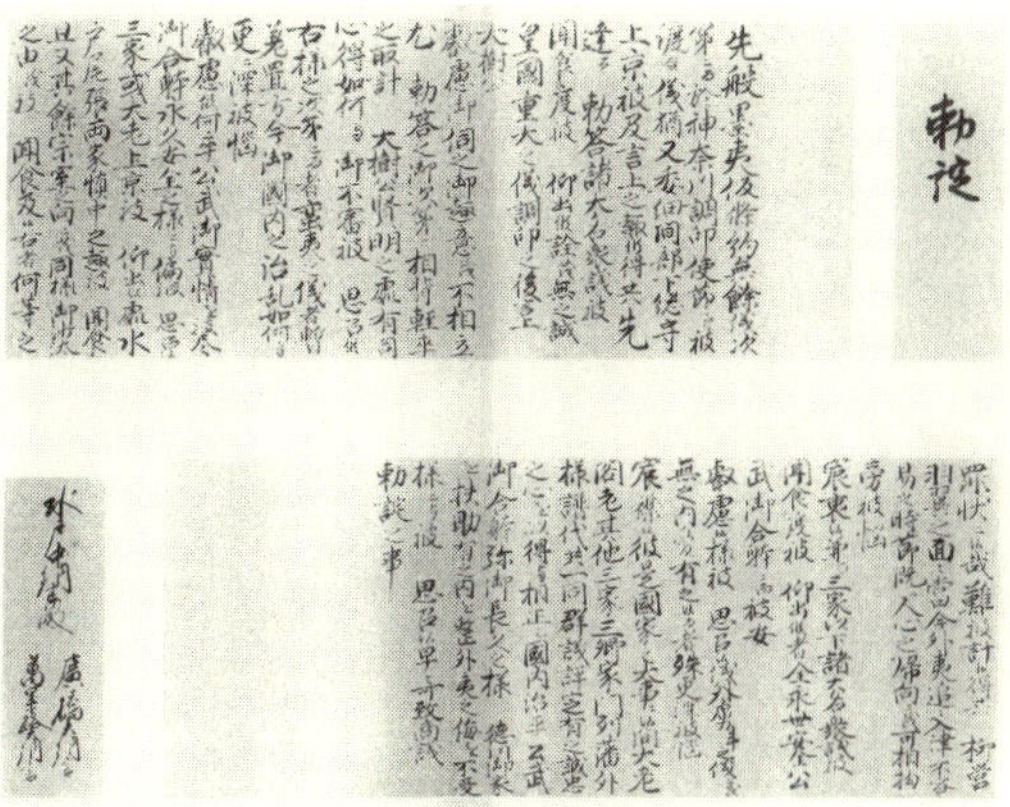

「勅諚（密勅）」

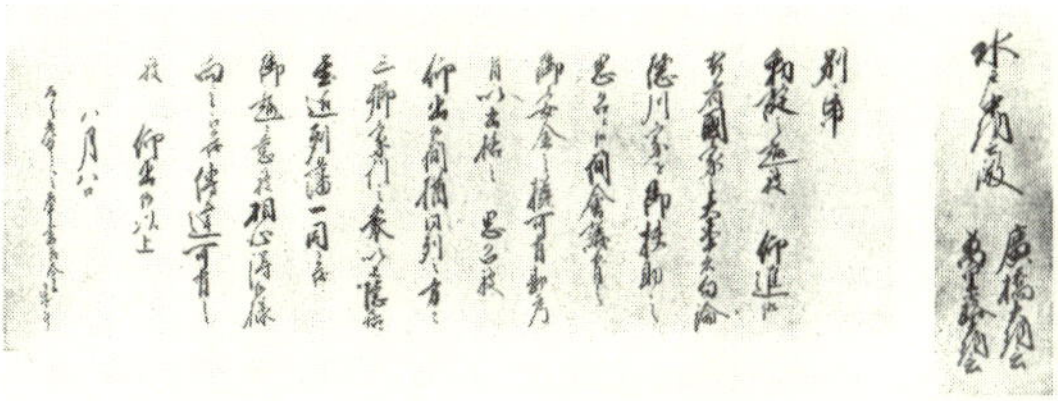

「別紙（副書）」（『水戸藩史料』より）

がなかったために、正式の勅諚と区別して密勅と称した。また安政五年が戊午の年であったから「戊午の密勅」といった。

3　勅諚の内容

勅諚の内容は、概ね三項目に分けられる。なお、勅諚の書式は、天皇の御意向を廷臣が伺い、その旨を間接的に伝えるという形となっている。

① 墨夷仮条約（日米修好通商条約）の締結について、

先に諸大名の衆議を聞いた上で判断するとの勅答に背いたのみならず、さらに調印の後に奏上したことは、「軽率ノ取リ計ヒ」であり、天皇が御不審に思われている。

② 条約調印について説明を聴取するため三家あるいは大老の上京を命じたところ、水戸・尾張の両家その他の当主らを隠居・謹慎の処分にしたことは一体どのような罪状があったことか理解できない。三家以下の諸大名の意見を求めたのは全く「永世安全・公武御合体」との叡慮からである。

③ 内外とも国家の大事な時であるので、大老・閣老、その他三家以下の諸大名は一致協力して、「国内治平、公武御合体」を計り、徳川家を扶助し、外国の侮《あなど》りを受けないために協議するようにとの勅諚である。

以上がその要点であり、さらに両武家伝奏の別紙(副書)をもって水戸藩から三卿、家門の衆、列藩一同にも回達(伝達)を命じられたのであった。

この勅諚が特に水戸藩に下されたのは、水戸藩を中心に諸大名の力を結集して、幕政を改革し、国家の安泰を計ろうとされたのである。その背景には、光圀以来の尊王思想と斉昭の実行力に期待されたことと思われる。

4　正志斎の回達慎重論

その頃、正志斎は、安政五年から老年の為に総教（教授頭取）を免ぜられ、教授の職についていた。当時の藩論の多くは、勅諚の遵奉《じゅんぽう》・回達（伝達）を期待したが、正志斎は、慎重に対策を考慮し、藩庁へ次のような建議文を提出した。（『水戸藩史料』上）

① この度の勅命の趣を幕府が穏便に受ければ問題はないが、そうでなければ、どのような変事が起こるか予想が付かない。また回達してもこれに応じる諸藩はほとんど期待できない。かつて承久、元弘の倒幕運動にも官軍は小勢で、幕軍は大勢であったごとくである。

② 諸家と違い御当家（水戸藩）は非常に危険な立場にあることが心配である。

③ 京都にては関東の情勢は委細には御存知なく、水戸藩が引き受けさえすれば、叡慮の通りになるとの御見込みであったが、今になって、京都にては狼狽されていることであろう。

④ 万一にも勅諚を奉じた天下忠勇の士が幕府から処罰されて、乱世となった所へ外国がこれに乗じて攻めて来たならば、天朝も国体もどのようになるか計り難い。

⑤ 京都にてこれらのことまで御見通しの上のことであるならば、已むを得ないが、そうで

なく、御軽発に勅諚を下されたのであれば、天下のため、御深慮の叡慮にも相当しないのではないかと思われる。

⑥　京都にては分らなくても、関東にて見通しをすれば、これは非常に深く憂いとするところである。これらのことを内々に武家伝奏の広幡家などへお話くだされるようお願いできないものか。これまた心付いたことを伏蔵なく内密に申し上げる。（大要）

このように正志斎は、この度の勅諚は、承久、元弘の倒幕運動の時に官軍を募る詔勅や令旨《りょうじ》と同じものと捉えていたことに注目すべきである。当時も官軍が少なく幕軍は大勢であったごとく、当今の諸侯の中でこの勅諚に応じるものは極めて少数であるので、回達することは慎重にすべきであると述べている。このように勅諚の意義を理解すると、幕府が最も恐れ警戒していた「討幕の勅諚（令旨）の発令」という事態が勃発したことになり、幕府が必死でこれを阻止し、回収しようとする事態が一層深刻に理解できる。また、この中で、朝廷は関東の事情を知らずに勅諚を発せられたとすれば「御軽発」な処置であったとも批判している。

正志斎は、勅諚を強硬に回達しても、今の諸藩は幕府を恐れ、身の安泰第一として、これに応ずるものはごくわずかなものであり、それも遠国（薩摩・長州など）では、とても江戸までは手が届かないであろうと、戦略家としての目で天下の情勢を冷静に判断している。

ちなみに、尾張家は慶恕《よしくみ》が隠退を命じられたことにより正議の藩士は皆な斥けられ、越前家もまた態度を曖昧にした。水戸がまず勅諚を慶恕に伝達しようとしたが、幕府の為に阻止され、またこれを越前家に内談したが、側用人中根雪江はこれを拒絶し、勅書を伝達されてもそのまま幕府へ差し出すほかなしと答えた。このように諸藩において、わずかに慷慨の士はあっても、藩の重臣らは自藩の安全を図って逡巡していたのであった。従って水戸藩でも未だ容易には決断することができなかったのである。

勅諚の回達を阻止する幕府の対応を聞いた在江戸の有志らは、切歯扼腕《やくわん》して井伊の暴断を許し難いと大いに憤激し、有馬新七、日下部伊三治らの有志らは連携を密にして直弼の斬奸を実行しようと決心するに至った。

西郷は、新七の報告を聞き、水戸が頼りにならないことを確認し、この上は有志列藩へ、それぞれ直接に勅諚の写しを伝達するのが良いと考え、直ちに清水寺成就院の住職である月照を通じて近衛忠熙《ただひろ》に伝えた。その結果、天皇の叡慮により、尾張・越前・加賀藩以下の十三藩などにそれぞれ縁故ある公卿からひそかに勅諚の写しが伝達された。

5　勅諚降下の影響

この勅諚降下は、その後の朝幕関係に大きな影響を与えた。元来、幕府は大名が朝廷と接触することを極力警戒し、その動向を監視してきた。特に参勤交代での京都への立ち寄りを禁止したほどであった。幕藩体制を維持するためには、朝廷の権力を抑制しておく必要があり、その裏には承久・元弘の倒幕運動の再現を恐れたことは前述した通りである。

これについて徳富蘇峰は『近世日本国民史』の中で「幕末政治家」という史料を引用して、もしこの勅諚の如くに実行することあらば、外国の儀は暫《しばら》く指し置き、国内の政治に関しても、幕府の主権は直《ただち》に朝廷に移りて、幕府は朝命の執達者たるに過ぎざるに至るべし。幕府の存亡は一にここに繫《かか》るをもって、井伊は力の及ばん限り、策のあらん限りは、威力をもってなりとも、暴断をもってなりとも、この勅諚を無効たらしめざれば、幕府は必ず滅亡すべしと信じ、間部等と謀りて、百方対抗の計策に心を労したり。（意訳）

と記している。これは単に政策論上の相違ではなく、これによって朝廷と幕府との政権の交代にまで及ぶ問題であったと指摘している。

十六　安政の大獄

1　水野忠央の進言と井伊直弼の覚悟

この勅諚で、「列藩協力して幕政を輔佐せよ」とあるのは、大老政治の否定であり、井伊幕政への不信任の表明とみえる。それは大老が辞任するか、あくまでも強行突破するかの二者択一の選択を突き付けられたのと同じであった。大老も、無勅許調印の時には、一時辞任を考えたが、側近の宇津木六之丞らに押し止められた経緯がある。動揺する大老を叱咤激励し、強力に後押ししたのが、宇津木の他に長野主膳義言《よしとき》であった。その他に紀州藩付家老の水野土佐守忠央《ただなか》、その一味として尾張藩付家老竹腰兵部少輔正諟《まさあと》、高松藩の松平讃岐守頼胤《よりたね》らがいた。

その結果、水戸への勅諚降下について井伊は、「斉昭は孝明天皇を使って自分を追い落すことを狙っている」と思い込み、「その陰謀に加担しているのは京都の公卿、学者、諸藩の武士」

という確信を持ち、その「京都の政治活動」に対処しなければ幕府が倒されるという信念をもって、その斉昭らの陰謀の証拠を探索するために安政の大獄が始まった。

その探索の手は、宮・公卿・大名・志士らの広範囲に及んで、遂に大獄によって処罰を受けた者は、その罪状には軽重の差はあるものの総勢百人以上に上った。

井伊の決心をそこまで追い詰めた一人が、紀州藩の水野忠央であった。

安政五年八月二十五日、忠央は直弼に面談し、水戸の動静を記した探索書を差し出して、斉昭らを謀反人にして死罪に取り計らえば無事に治まると述べて、直弼の決心を促し、勅書に関しても進言した。直弼も、「どこまでも押し通すつもりである」と応じた。その応答は以下の通りである。(『水戸藩史料』上)

① 「今回の勅諚の降下は、水戸より工作して、無理に勅命を蒙ったが、大老として天下の政事を取る者は、勅諚に決して動かされてはならない」と言うと、直弼は、「どこまでも押し抜くつもり」(幕府の立場を貫く)と答えた。

② 水戸、尾張、越前を厳重に処分しなければ難しい事態に至る。

③ ひとまず、家茂の将軍宣下に障害にならないように、彼等を「慎み御免」に致しておけば将軍宣下は成就するであろう。宣下を無事に済ませば、こちらのものである。

④　その時、「彼等を謀反人にして死罪に取り計らえば無事に治まるであろう」と言うと、直弼は、「至極に張り込み何処までも仕届ける心得なり」（死罪にするまで追い詰める）と答えた。

⑤　直弼は、決して外へは洩らさないようにと宇津木六之丞に命じた。（意訳）

忠央はこのように進言して井伊の覚悟を促がし、この後も直弼を陰から操ったのである。この大老の意を受けて暗躍したのが長野義言であった。義言は勅諚降下を事前に察知できなかった汚名挽回のためにあらゆる策を使った。京都所司代酒井忠義《ただあき》に京都の志士の逮捕を進言し、九月八日、梅田雲浜の逮捕により安政の大獄が始まった。九月二日には梁川《やながわ》星巌は病死し逮捕を免れた。

義言の作為ある探索書の情報と忠央らの謀略的な誘導により、九月十日、直弼は幕命に逆らう奸賊の一網打尽を老中間部詮勝《あきかつ》に命じた。次いで同月十三日、さらに在京の水戸藩士の弾圧を間部・酒井に命じ、義言は間部に鵜飼父子の逮捕を進言し、同月十八日に鵜飼父子は逮捕された。それより、志士の逮捕・訊問が相次ぎ、遂に断罪に及んだ。

2　朝廷への弾圧

(1)　幕府の強請により条約を勅許

安政の大獄は京都から始まり、追求の手は朝廷にも及んだ。安政五年九月十七日、老中間部が上京、二十四日に参内し、条約の無断調印の事情を関白九条尚忠《ひさただ》を通して奏上し、同時に廷臣に対して圧迫を加えた。幕府側に立つ関白の周旋により、ようやく十二月二十四日に至って朝廷はこれまでの幕府の外交措置に対し、天皇も「鎖国の旧制に復す」という条件のもとで止むなく了解(氷解)され、直ちにその旨の勅書を関白に下した。しかし、「鎖国の旧制に復す」という文言があったため、幕府はこれを公表できなかった。

次いで安政六年二月六日には、幕府の条約調印の処置を了解して勅許ということになれば、先の水戸への勅諚は無意味なものであるとして、返納の幕命に従わない水戸藩に対して、今度は勅書をもって勅諚を返納させせることを企《たくら》んだ。

二月十七日には、幕府の強圧な内奏により天皇は止むなく青蓮院《しょうれんいん》宮・二条兼香・二条斉敬等に慎《つつしみ》を命じ、三月二十八日、左大臣近衛忠熙《ただひろ》・右大臣鷹司輔熙《すけひろ》を辞官。四月十二日、所司代酒井忠義は四公落飾《らくしょく》（出家）について天皇の勅許を関白に促し、同月二十二日、鷹司輔熙・近衛忠熙・鷹司政通・三条実万の四公に落飾・慎を、東坊城聡長に永蟄居を命じ、さらに十二月七日には、幕府の内奏により青蓮院宮に退隠永蟄居を命ずるに至った。天皇は信頼する側近をことごとく失い「一本立ち」（孤立）という状態にまで追い詰められた。大老井伊の横暴ここに極まれりというべき事態となった。

(2) 孝明天皇、薩摩藩に「姦賊」の「退治」を依頼

これより先、安政五年十一月九日、大老の仕打ちに対して、天皇は近衛家へ宸翰を下し、「何とぞ薩州などへ密々に仕損じなき様なされ候て、姦賊《かんぞく》を退治は成る間敷《まじ》きや」と仰せられるに至った。すでに水戸藩は危急の事態にあり、頼るべきものは薩摩藩のみとして、縁の深い近衛家から極秘に連絡を取り、「姦賊」である直弼の「退治」を依頼されたのである。そして「このままでは朝廷の威厳が廃れ、嘆かわしく、大いに混乱に陥るので、しっかりと考えて欲しい」という叡慮であった。（意訳。『孝明天皇紀』第三）

3　安政の大獄の処断

安政五年七月五日に、すでに不時登城の罪に問われ、斉昭は駒込邸に急度《きっと》慎《つつしみ》、慶恕は隠居、慶永は隠居・急度慎、慶篤、慶喜は登城停止の処分を受けていたが、その一年後の安政六年八月二十七日、重ねて安政の大獄に関する処断が下った。

吉田松陰肖像

斉昭には、水戸での永蟄居（永久的に謹慎）で、その処分の理由として京都への讒奏《ざんそう》により公武の対立を引き起こし、国家を混乱させたとした。（『水戸藩史料』上）

同時に、藩主慶篤は差控《さしひかえ》（登城停止、謹慎。九月三十日に免除）。また、家老・安島帯刀《たてわき》は切腹、京都留守居役鵜飼吉左衛門は斬罪、その子息幸吉は獄門。奥右筆茅根《ちのね》伊予之介は斬罪、勘定奉行鮎沢伊太夫は遠島などと厳しい処断が下った。茅根と鮎沢には幼い子供にまで罪が及んだ。他藩では越前藩主・松平慶永は隠居、一橋家当主・一橋慶喜は隠居謹慎、尾張藩主・徳川慶恕（慶勝）隠居。そして志士では、吉田松陰、橋本左内、頼三樹三郎《らいみきさぶろう》らは斬罪に処せられた。

4 勅諚返納の朝命

(1) 小金宿屯集

水戸藩内では、勅諚の奉勅回達と斉昭の処罰取り消しを求める雪冤《せつえん》運動が一気に起り、関係諸侯に訴えようとして士民らが大挙して江戸に上り始め、藩庁はこれを下総小金宿（千葉県松戸市）での抑留を図った。またこの頃、悲憤のあまり、各地で自刃する者が相次いだ。（「石河明善日記」『水戸市史』中）

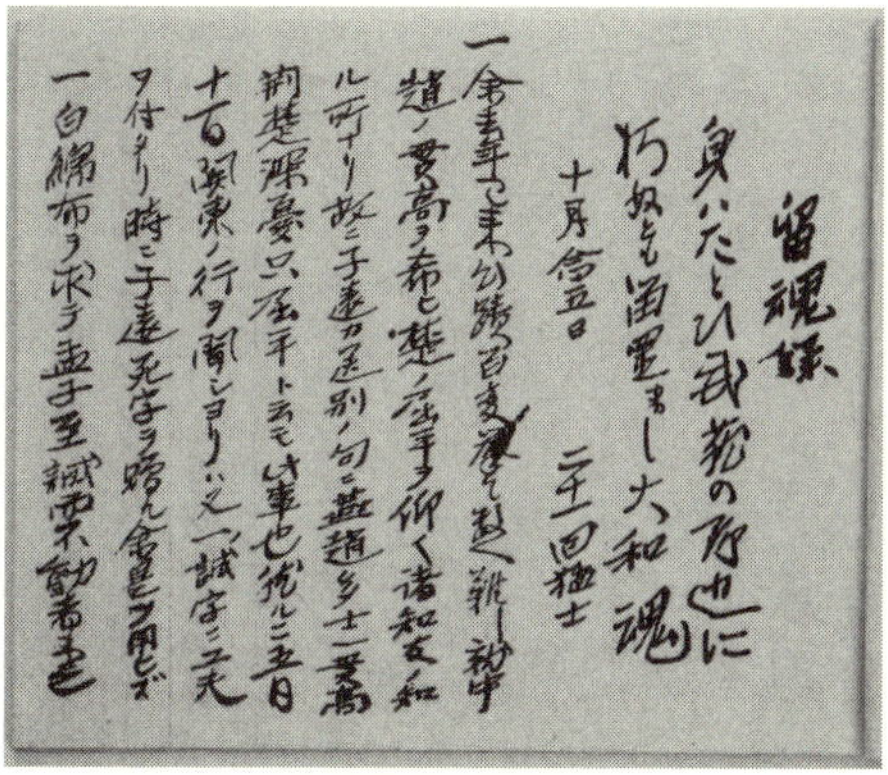

吉田松陰「留魂録」

安政の大獄の処断は決したが、水戸藩への勅諚返納の要求は止まなかった。勅諚返納の朝旨は前に一度下されたのであるが、幕府の意向に添わなかったので、今度は案文を添えて奏請した。朝廷は幕府の強請により安政六年十一月十九日、勅書返納の命を下され、十二月十六日、幕府は勅諚返納の朝旨を水戸藩に伝達した。これについて水戸藩内では、直ちに返納すべしとする派と、これは幕府の陰謀であって朝廷の本旨ではないはずであるとして返納に反対する派とに分かれ争論となった。一方では、斎藤一徳（監物）などの神職百余名が上書して、勅書回達の嘆願書を提出し、また、人民総代らからも同様の嘆願書が出された。

(2) 正志斎、回達を憂慮する上書

大獄の処断が下る前、安政六年五月十九日、正志斎は、上書を藩庁に提出した。「勅諚の主旨は、『公武合体、国内治平』というのであるから、強いてこれを伝達することは反《かえ》って勅意に背き、争乱を起こす恐れがある。少壮客気の論に誤られて軽率に事を挙げ、そのために社《しゃ》稷《しょく》（水戸藩）を危うくするようなことは断じて行ってはならない」と論じた。（『水戸藩史料』上）

また、同年五月、正志斎は、斉昭にも上書した。江戸にいる国友尚克に書簡を送って、非常の時には斉昭に届けて欲しいと「別紙」を託したもので、内容は次のようなものである。

① この節の騒擾《そうじょう》、御家臣の為に国家（水戸藩）の傾覆に至る恐れがあり困った問題である。御家中の内には、勅書御伝達の上、諸侯に令して幕府へ対決するとの悖《はい》逆《ぎゃく》の論が行われていると聞いている。そうなれば、水戸藩一つだけで天下の兵を引き受けることになり、我

が藩の滅亡は明らかである。

② 両君様においては、決して幕府へ弓を引かれることはないと思うが、事変が起こった時には、幕府へ申し上げて、家臣共の次第、取り鎮めできずに申し訳ないと述べ、そして両君には御家臣へは賛同されず、泰然として幕府の命をお待ちになるより外はない。

この正志斎の上書と共に、国友尚克も上書し、「この書付は会沢恒蔵から、万一、大乱になった場合には、差し上げてくれと預かっていたものである。八十近き老人の苦衷《くちゅう》の程を御聴き入れ下されるよう」にと書き添えられてあった。この上書で述べた、事変が起こった時の対応策は、桜田門外の変が起きた時、再び同様の建白をして水戸藩の危機を救うことになった。

(3) 斉昭の諭書、慶篤宛

斉昭は、安政六年五月に慶篤宛に諭書を送り、「国中が動揺していては、自分ら積年の素志に背くばかりでなく、第一に威・義両公以来、幕府に敬上の誠意を尽くしてきたことに反するものである。こうして慶篤始め役人どもまで失政に陥っては、国家（水戸藩）のためにならない」として慎重に対処すべきことを諭した。これは正志斎の考えと全く同じものといえる。

このように正志斎や斉昭は家臣らの暴発により幕府から謀反の罪を問われることを憂慮して、

その対策を考えていたのであった。一方の幕府は何としても水戸藩に叛逆を起こさせ、斉昭らを謀反人に仕立て、水戸藩の廃絶と藩主らを死罪に処するまで追い詰める方針であり、執拗な返納要求と圧迫を加えてきたのであった。それは水野忠央から進言を受けた直弼の当初からの方針であった。

(4) 正志斎、激派の行動を憂慮する上書

安政六年八月十九日、勅諚の伝達を早急に実行すべしとする高橋多一郎らの激派に対して、正志斎が勅書伝達を不可とした藩庁への上書は、次のようなものである。（大意）

① 勅諚の結末に、「国内治平、公武合体」とあり、強いて伝達すれば、兵端に及ばずとも、必ず干戈《かんか》に及ぶ。それは叡慮に背くことになる。

② 伝達すれば、有志の諸侯は服従するものと思っているようであるが、大平久しく諸侯は安楽に耽り志気は懦弱《だじゃく》になり、有志の諸侯は指を折るほどもない。家老共はその藩の安危を図り、一身の利害を捨てて応じる者は百人に一人もない。承久、建武にも官軍は寡少にて武家は百倍の多勢であった。

③ 高橋らの主張は、有志の諸侯を助けて夷狄《いてき》を防ぐとの論と見えるが、諸侯は頼りになら

ない。弘安の元寇には日本の全力をもって蒙古一国の兵を防いだが、当今は諸蛮（西洋列国）は、数国合従《がっしょう》（連盟）し、日本の全力でも容易でないのに、公武が二分していては敵することはできない。諸蛮は、関東（幕府）の援軍と称して、内乱に乗じて、遂には神州を分け取りする術を施し、天下の大変に至ることは明らかであり、このような行動は言語道断である。

④威・義二公以来、天朝・幕府を御尊敬の家柄故、この度の慎み（斉昭の急度慎）も諸侯の模範となるとの御尊慮にて、別して深く慎んでおられるが、勅諚伝達により幕府を向こうに回す勢いとなり、幕府へ謀叛《むほん》となっては、これまでの忠誠が水の泡となり無念である。

⑤高橋らの主張は今の大老政治を責めるのであり、幕府へ敵対するのではないとの論である。しかし、将軍さま御幼年につき、幕府から任用の人が出るのは、幕府の政事である。これに敵対するのはやはり幕府に敵対するのと同じ、謀叛の名は免れ難い。（『水戸藩史料』上）

このように上書した。一見すると、中には大老直弼を弁護するかの論にも見えるが、その主旨は、暴発を防止し、斉昭への謀反の罪を回避させ、威・義両公以来の水戸藩を守護する忠義の心から発したものであった。

⑸　斉昭、水戸藩の命運を賭けた覚悟

これより先、斉昭は、既に諭書を下して士民の鎮静退散を命じ、藩内の綱紀を厳粛にし、自らは礼服を着して幽室に閉居して謹慎を続けていたのである。しかしながら、幕府の強圧と藩内の勅諚遵奉の時勢を考慮して決心するところがあった。もとより斉昭は、勅諚の伝達をすぐにでも実行しようとしたのであるが、幕府から阻止されて、内外の事情を顧みて隠忍自重してきたのであった。ところが今や横浜など三港での貿易が開始され、五カ国条約を公布するに至り、世の中は益々不穏な状況となってきた。一方、大獄の追求の手は激しさを増し、水戸藩の危機は高まりつつあった。そこで斉昭は、もし非常の場合（取り潰し）に至った時には、勅諚を列藩に伝達し、朝旨を奉じて幕政を改革しようと水戸藩の命運を賭けて、その準備に入った。

斉昭は、周到に幾つかの策戦を立て、ごく近臣だけの密事として段取りを進めた。その「別紙一の封」として、示したものは次のような策であった。（『水戸藩史料』上）

①　天下の大政は朝廷より幕府が受け持っている。しかるに大老は奏聞を経ずに仮条約調印（無勅許調印）の後に奏聞したことは、御幼君（家茂）を軽んじ、井伊直弼、間部下総守、陪臣の身として驕暴の心相い募り、日本国を自分物といたし、天朝を軽蔑、御幼年の将軍を御違勅に仕向けたことは、その罪軽からず、首謀者は紀州水野土佐守忠央、松平讃岐守（高

松)、尾張の家老竹腰兵部少輔、その他、内藤豊後守(信濃岩村田藩主、正縄《まさつな》)などである。

② 井伊、間部らは、夷狄と和親を結び、天下を乱した「奸人」と判断できる。勅諚の御趣意は、徳川家の御扶助にあり、内を整え外夷の侮りを受けざるようにとの主旨である。幕府より諸藩に回達が無き上は、天下の為、徳川家の為にならず、このまま虐徒《ぎゃくと》の申すままにしておいては、天朝、東照宮に対しても申し訳もないので、この度回達することにした。

③ 井伊、間部の虐徒をそのままにしておいては徳川家、天下の為にならず、誅罰したい。またそれに加担した者は、徳川家の敵、朝敵であるから一同に誅罰するので援兵の儀をお願いする次第である。

そして斉昭は、各諸侯の名前を書き上げ、具体的に回達の段取りをした。

しかしながら、これは水戸藩の大事、その存亡に関係するところであり、そのような時機に合わなければ、列藩の協賛協力を期待することはできないと考えたのであった。

その計画は極秘にして僅かに側用人の久木久敬、奥右筆の原田成徳と豊田亮、青山延光の外は密議に関与することはなかった。

このような水戸藩の命運を賭けた決断は、藩主でなければできないものである。大義に関わる場合は別としても、平時において、正志斎などの家臣としては、主家の存続を図ることが忠義となるからである。斉昭の胸中には、光圀以来の家訓「主君は天子、徳川家は親類頭」があったのであろう。大老井伊直弼とその一味を排除するとしても、結局は幕府に敵対することになるからである。それは、承久・元弘の戦いのごとくになるか、あるいは九年後の慶応四年（一八六八）一月の鳥羽・伏見の戦いのごとく、幕府軍と戦って薩長軍の勝利となるか、全く予想ができない状況であった。それについての正志斎の判断は、諸侯の現状から見て、極めて悲観的であった。

なお、斉昭の回達状の趣旨は、後の桜田門外の変における「斬奸趣意書」と共通の認識である。

十七　桜田門外の変

1　勅諚返納の催促と返納阻止の運動

大老井伊の一連の独裁政治は安政の大獄に至って強暴を極めた。その間に、朝廷からは幕政を非難する勅諚が下り、また尊王攘夷派の憤激を招き、諸侯や幕臣の開明派からも批判を受けた。さらに閣内の老中からも異論が出て辞任する者も出る始末で、大老は孤立を深めた。

そのような情勢の中で、安政六年(一八五九)十一月十九日、朝廷は幕府の強請により水戸藩へ勅諚返納の命を下された。十二月十五日、慶篤が登城した時、井伊は水戸取締役安藤信正(信睦)と共に勅諚返納の朝命があったことを口達し、今日より三日を限って必ず幕府に提出するように命じた。翌十六日、安藤を水戸邸に派遣して返納を迫り、違背すれば違勅の罪で処分されると威嚇した。そこで安藤は、すでに勅諚を水戸へ回送していたことを初めて知り、返納の目的は達せなかった。ここに至って慶篤は斉昭と相談の上、遂に勅諚を幕府に返納することに決定した。返納反対派は、この勅諚がひそかに江戸に運ばれることを警戒し、長岡（茨城町）に集まり水戸街道を封鎖して実力によって阻止しようとした。（長岡屯集）

万延元年（一八六〇）二月十四日、返納容認論者の久木直次郎が江戸で、夜半何者かに襲撃された。また二月十八日、水戸城下の消魂橋《たまげばし》で、高橋多一郎らを救出しようとして水戸城下に入った長岡勢の一団と、長岡へ鎮圧に向かう家老鳥居瀬兵衛の隊と衝突、負傷者を出し水戸城下は大騒ぎとなった（消魂橋事件）。また、二月二十四日、斎藤留二郎が水戸城の大広間で抗議の割腹自殺をしたため返納は延期された。ここに至り長岡屯集は、藩庁からの説得と藩兵の派遣が決定したこと、そして主要人物の一部が江戸へ移って地下に潜行したことにより二月二十日、自ら解散した。

2　桜田門外の変の勃発

(1)　幕府、違勅の罪を問い、水戸藩を改易と威嚇

万延元年（一八六〇）一月十五日、大老井伊は安藤信正を老中に昇進させ、この日に登城した慶

篤に対して重ねて勅諚の返納を催促した。そして一月二十五日を期限として、もし遅延したら違勅の罪を斉昭に問い、水戸藩を改易(取り潰し)するとまで述べた。これが水戸藩士を憤激させ、水戸藩は絶体絶命の窮地に追い込まれた。二月に水戸藩を脱藩した高橋多一郎や関鉄之介らによって直弼襲撃の謀議が繰り返された。

脱藩浪士らの不穏な動きは幕府も関知しており、二月下旬には、かつて水戸藩邸に上使として赴いたことがある上野吉井藩主・松平信発《のぶおき》が直弼を彦根藩邸に訪ね、脱藩者による襲撃の恐れがあるため、大老を辞職して彦根に帰り、政情が落ち着いてから出仕すべきことを勧め、また辞職・帰国が嫌ならば従士を増やして万一に備えるように述べたが、直弼は受け入れなかったという。

(2) 大老井伊直弼、倒れる

そのような中、三月三日、水戸・薩摩両藩の浪士の襲撃により、大老井伊直弼が殺害される桜田門外の変が起こった。

彦根と水戸の両藩は一触即発の事態に至り、江戸の市中は大騒ぎとなり、幕府は事態の収拾に苦慮した。幕府の規則によれば、「不覚(油断)の死は断絶」とあり、彦根藩はその危機に立たされたが、老中安藤らはそれを考慮して、直弼の死去を秘密にし、三月晦日に、まず大老を免じ、次いで閏三月晦日にその死去を公表して、彦根藩の動揺を収めた。また水戸藩に対しては彦根藩との騒動の抑止に努めた。

水戸藩では、三日に事変に加わった者の処分を幕府に要請した。これは正志斎がかねて建白していたところであった。（後述）

その後も幕府はあくまでも勅諚の返上にこだわり、五月五日、所司代酒井忠義《ただあき》は朝廷に勅旨の文案を添えて、水戸藩へ勅諚の返納を命ずる勅書を再び奏請した。天皇は、止むなく六月十三日、幕府に勅諚の返還を催促する勅書を下された。ただし、幕府の文案にあった「唯今以て返上もなく、朝廷に対して不敬の至につき」という文字は削除すべしとし、また水戸に対して「寛大の沙汰に及ぶべし」との勅意が示された。七月一日、幕府に到達したが、水戸藩を寛大に取り計らうようにとの叡慮が示されてあったため、幕府は水戸藩への伝達をためらった。

3 正志斎、桜田門外の変への処置を上書

(1) 正志斎、関係浪士の逮捕を進言

事変後の三月九日、正志斎は藩庁へ上書して、その対応についての意見を述べた。その大意は次のようなものである。

① 大老の横死の義、天下のためには宜しいが、御家(水戸家)にては御配慮が必要である。出奔(浪人)の者共の行為であるゆえ水戸家には拘《かかわ》りはないが、彦根などは怨みを含むこともあり得る。この度の一件は、国家(幕府)に対し白刃を振るい、狂悖《きょうれい》の行為ということを、幕府へも通じた方がよく、また彦根へも幕府から事情を説明してもらっていただきたい。

② 金子教孝が上京して、勅書をもって諸侯を手なずけ、幕府を脅し、攘夷を遂げようとしている。少壮の者が同調して動揺していることを、幕府の間諜に聞き付けられれば、幕府への叛逆とされて、代々の幕府への敬上の意に背き、御本家(将軍家)に楯突き、不義となり、水戸藩の恥辱となる。早速、幕府へ依頼して、金子らを京都より引き戻されるよう処置されたい。(『水戸藩史料』上)

このように、水戸家の安泰を図るため、幕府や彦根への取りまわしを進言した。これは正志斎が以前から主張していたところで、大老への攻撃は、すなわち幕府への叛逆となるとの論であり、浪士の逮捕を幕府へ依頼するよう進言して、水戸藩にはかかわりはない態度を表すことが大事であるとした。弘道館助教の石河幹脩の上書にも、「却って迷惑の色を顕し、幾重にも鎮静、かつ閑暇を示し、元より元老(大老)を敵と致さずとの意を見せたきことにある」として、正志斎と同様の主旨を述べている。

正志斎は、このような非常事態に際して水戸藩の取るべき処置について藩庁へ上書して、廃藩の危機と斉昭の謀叛の罪を回避することができた。ここにも正志斎の戦略家としての一面を見ることができよう。世間では桜田事変の歴史的評価が高いが、その裏面で、正志斎が常に斉昭側の立場に立って適切な上書をして水戸藩の対処を誤らないように誘導して、その瀬戸際で危機から救った功績も認められてよいのではなかろうか。

(2) 勅書返納の猶予を申請

桜田門外の変は、この勅書返納の幕命から起こったもので、それは水戸藩の存亡にかかわる重大な瀬戸際であった。そこで幕府が、その命令を撤回するか、猶予するかは、水戸の人心を鎮め、後の事変を防止する上で重要な決断となる。

万延元年三月二十日、家老興津良能（蔵人）は、藩内の混乱を理由にして返納の猶予を要請したが、老中は申請書を却下した。

一方、弘道館の教職や正志斎らは、返納を決定した上は、いまさら躊躇すべきではないとして、速やかに返納すべしと論じた。そして閏三月十八日、幕府から厳命が下り、勅書返納を拒否した者及び桜田事変の関係者をことごとく逮捕し、差し出すべしとのことであった。この時、直弼は大老を免じられたが、その死は未発表であった。

4　桜田門外の変以後の幕政と斉昭の薨去

(1)　公武和親へと転換

幕府は井伊の大老を免職にしたあと、老中内藤紀伊守信親は、ひそかに彦根藩に使者を遣わして言うには、「勅書返納を促し、もし返納せざるときは違勅をもって水戸家を滅亡せしむべし」との意向を水戸へ内示したことを告げ、これがために彦根の国元から新たな加勢を呼び寄せることを禁じた。それを聞いた井伊の与党らは大いに悦び、「水戸家は必ず遵守すること能はず、違背せば、幕府は処分するに至るべし、井伊の復讐がなる」と語りあったと記している。（「公用方秘録」『水戸藩史料』上）

一方、この事態に遭遇して水戸藩士の動きも激発寸前に至っていた。しかし、幕閣らはそこまでの騒乱を予期して幕威を立てることが得策でないことを覚《さと》って、いつしか幕府の方針は一変して、安政五年以来対立してきた公武の親和を図る方向へと大きく転換していった。（『徳川慶喜伝』）

まず、万延元年六月四日に、紀州藩の付家老水野土佐守忠央《ただなか》を国元に隠居・謹慎させて、水戸排斥論者の一部を斥けた。勅諚返還催促の勅諚はそのままにしておき、次第に斉昭の譴責《けんせき》を解くことに決定した。そのような時流の中で、不幸にも万延元年（一八六〇）八月十五日、斉昭が薨去した（六十一歳）。幕府は八月二十六日、斉昭の永蟄居を許し、その薨去を発表した。

十月十九日、幕府は水戸執政興津蔵人、尾崎豊後を召して、勅諚返納の猶予を認め、遂にその返納を諦めるに至った。

(2) 和宮の御降嫁と坂下門外の変

さすがの頑迷な幕閣も事態の動向を悟って、老中安藤信正は一転して公武合体を画策した。

それが天皇の妹君、和宮《かずのみや》の将軍家茂への降嫁であった。孝明天皇は心情においてもとより反対であったが、岩倉具視の奏上を受けて、六月二十日、「公武一和の為」ならばと降嫁を許された。しかし、「嘉永初年頃に戻す（開国以前）ならば」との条件を付けられた。文久元年（一八六一）十月二十日、和宮が江戸へ東下され、十一月十五日に江戸に到着した。

しかし、これらの強引な画策に憤激した水戸の浪士は、文久二年（一八六二）正月十五日、老中安藤信正を襲撃し負傷させる事件を起こした。（坂下門外の変、信正は四月十一日辞職）

5　文久の改革

(1)　安政の大獄による処罰者を赦免

ともあれ、文久二年二月十一日、将軍家茂と和宮との御婚儀が執り行われた。これより公武融和し、四月三十日には、前の青蓮院宮尊融《そんゆう》法親王の永蟄居を解き、近衛忠熙《ただひろ》・鷹司政通の参朝を許し、鷹司輔熙《すけひろ》の慎《つつしみ》を解き、故三条実万を追賞するなど、安政の大獄に関連して処罰・謹慎させられた公卿たちはことごとく旧職に復することになった。

(2) 一橋慶喜を将軍後見職

これより朝廷の権威は伸張し、文久二年六月十日、勅使大原重徳《しげとみ》は江戸城に臨み、勅旨を将軍家茂に伝達し、一橋慶喜を将軍後見職、松平慶永を政事総裁職に至急実現せよと命じた。

さらに六月二十三日、朝廷はかねてから幕府擁護の立場を取ってきた九条尚忠の関白・内覧を辞職させ、左大臣近衛忠熙がこれに代わる処置を行った。また七月二十日には、九条家の家士島田左近が尊攘の激徒のために暗殺される事件も起こり、そして八月九日に至り幕府は、水戸藩に命じて安政五年以降に罪を得た者を赦免させた。

(3) 長野主膳義言、宇津木六之丞を死罪、領地十万石減封

一方、文久二年八月二十七日に、彦根藩は井伊直弼の威を借りて志士を弾圧し暴虐を振るった長野主膳義言《よしとき》を死罪に処し、出府中の宇津木六之丞に召還を命じ、十月二十七日に死罪に処した。また十一月、直弼が安政の大獄を行なったことを咎め、彦根藩の領地から十万石を減封処分にした。

そして、十二月二十四日には、遅れ馳せながら幕府は安政五年八月の勅諚(戊午の密勅)を諸藩に布告するに至った。このようにして、水戸藩への勅諚降下の一件は落着した。

十八　「時務策」を著し開国を論ず

1　「時務策」の内容

「時務策」は、文久二年（一八六二）、正志斎が逝去する前年（八十一歳）に著したもので、攘夷論から開国論への転向などとして、一部には早くから知られていた。これは簡潔なものではあるが、晩年における正志斎の思想を知る上で、極めて重要なものとされている。

この「時務策」について、これを所収する『水戸学』（日本思想大系）の解説では、成立の事情には二つの説があるとしている。一つは、「会沢先生行実」の説で、これは文久二年、将軍後見職となった一橋慶喜公に呈上したものであるとするもの。もう一つは、『水戸藩史料』（下編巻五）に、文久二年夏秋の頃の作で、大勢が鎖国攘夷論に一定（決定）してはならないとして、門下の子弟に示したとする説である。

その解説では、「にわかに正否を決定し難い点」もあるが、「強く少壮客気の勇を非難し、軽挙妄動を戒めた点を見れば」、『水戸藩史料』の推察がより適切であるとしている。

そこで、その内容から検討していきたい。大意を示すと次の様である。

① 鎖国の法令を守り、外国との往来を拒絶することは、「守国の要務」あるが、今日の論には、「古今時勢の変」を達観しないものがある。最近、外国と通信（通商）を始めたのは、正道ではないが「権宜《けんぎ》の道」（時勢に応じた処置）によるものであろう。

② 東照宮（家康）の頃は、我が国の勢いは強盛で、外国は甚だしくは張大ではなかった。しかし今は外国は甚だ張大で、万国ことごとく合従《がっしょう》して皆同盟国となった。中国の春秋時代においては各国が合従連衡《がっしょうれんこう》しなければ、孤立して国を保つことができないごとくである。従って、当今では外国と通好することは止むを得ない情勢である。

③ 通好して外患がない時は、人心が怠惰に陥って兵力が弱くなり、外国の侮りを受ける恐れがある。そこで富国強兵の政策を進めて、いつでも外国を打ち破ることができる態勢を作るべきである。

④ 「血気の少壮」は、「神州の武勇を万国に輝かさん」というが、『孫子』の兵法にも、「彼を知り我を知るに非ざれば戦勝を制し難し」とある。我が国は大平が久しく、勇士も少な

く、身体も軟弱となり、将帥《しょうすい》は実戦の経験もない。外国勢は百戦の経験があり、火器も精巧である。我に奇計妙策がなければ、勇気があっても必勝は期し難い。

⑤　民命は聖天子のもっとも重んじ給うものである。しかし必勝の成算もなく、一旦憤激の故をもって民命を戦場へ投じ民を苦しめることは、天子の心において忍びないところであろう。この度、止むなく条約勅許を下されたのは、国内治平を図り、外国に対処するためである。

⑥　少壮の過激な徒が、一己の憤激をもって天子を不仁の道に陥れることは如何なものであろうか。戦いとなり敗れた後、講和を結ぶことになれば、賠償金を取られ、神州の尊厳を失い、天皇の尊号にも瑕《きず》が付くことになれば、国体を辱めることになる。

⑦　或る人曰く、「戦いに敗れ国が滅びるとも決して講和することはできない」と。答えて曰く、「在位ノ人」は、戦いに敗れれば、多くの難題が生じることを考えて持重すべきことをいうのであって、敗戦したら講和を請えという意味ではない。

⑧　或る人また曰く、「鎖国の法令を失って講和を結ぶことは、神州の恥であるから、死をもって守るべきである。蒙古の使者を斬り、天下を必死に決してこれを撃退した。大義に当たり万民と雖も死を致すべし。民命を顧みるところではない」と。答えて曰く、鎖国の

良法も、「宇内《うだい》の大勢が一変」したからには、止むを得ずして改めることも一概には良くないと言い難い。文永の時は、蒙古は強大を誇って攻め来るだけで、これを一時に砕くだけで十分であった。当今の勢いは、海外の万国は皆な和親通好する中で、神州のみ孤立する時は、諸外国の兵を我が一国で受け、国力も堪え難きに至る。時勢を計らずして鎖国の法令を守ることは、明識とは言えない。

⑨「少壮の論」は、義に当たりては、国家の存亡は論ずるに足らずと言うが、天下を一己の私物の如く軽々しく戦いの中に投げ打とうとすることは、臣子の心とは言えない。「況んや天朝は天照大神以来、皇統正しくましまして、万国の中に比倫すべき国あることなし」。しからば国家の重きこと他の国と比較にならない。天下の存亡を軽率に論ずべからず。戦うべき時に戦うのは当然であるが、その時に非ずして強いて戦って人を殺すことは不仁も甚だしい。

⑩当今、万民は安堵し、幕府の評議は、富国強兵の政治に大果断が下り、天下の耳目は一新した。これから我が国は富強の国になり、神州の武威を海外に輝かすことになることを願うところである。

聖天子が、仁愛の徳をもって、仁と暴の二つを明察されて、万民を戦火から免れしめて、仁寿の域に登られますことを、東《あずま》の常陸の地に在ると雖もひそかに仰ぎ奉っている。

⑪「客気の少年」の中には、天子を一時大坂に移す計画があると聞いているが、大坂は海浜の地で外国から攻められる危険がある。このような拙謀には決して搢紳《しんしん》諸公も従ってはならない。

⑫右に論ずる所も、必ずしも外国を拒絶してはならないというのではない。万国の形勢を審察して、拒絶してよろしいときには拒絶すべし。また必ずしも戦うべからずというのではない。彼を知り我を知り、我に勝算があり、我が国の益になることが多ければ戦うべきである。そうでなければ戦うべきではない。孔子も、「暴虎馮河《ぼうこひょうが》」を戒められた。万事について、その困難さを知ってから行うことが大事である。軽易無謀にして「暴虎馮河」となれば、天下の大事を敗るに至る。

正志斎のこの論は、一方の攘夷論激派から見れば、認めがたいものとされた。当時、中立的立場にあった豊田靖（小太郎）が仙台の某に与えた書簡に、「会沢新著の篇は、以前の新論の見解とは相異し、世上では要するに老耄《ろうもう》の故であると議論されているが、愚見にては流石に老耄ではないと思っている。乳臭《ちちくさ》き（幼稚な）者共の及ぶ所ではない」（要約）と書き送っている。（『水戸藩史料』下）

2　執筆の目的

(1)「血気の少壮」の者とは「激派」のこと

これは誰のために、何の目的をもって執筆されたものなのか。文中に、「血気の少壮」、「聖天子」、「在位の人」「搢紳諸公」などの文言があり、その人のためとも読める。しかし「血気の少壮」として論難している相手は、既述の封事や建白書の中に見えるごとく「激派」のことで、弘道館の諸生や門下生などの年少者のことではない。個々の穿鑿《せんさく》は別として、この全体として論調は、『新論』と類似し、その文言にも共通するものが多く見られることに注目すべきであろう。

この「時務策」の最後の方に、

今、万民、下に安堵し、上には幕府の廟議、富国強兵の政、大果断がありて、天下の耳目一新す。これより富強の国となりて、神州の武威、海外に輝かんこと、伏して庶幾《こいねが》ふ所なり。

とあるが、この背景には文久二年（一八六二）に、朝廷の方針のもとで「文久の改革」が行われ、慶喜が将軍後見職に任じられたので、その改革の方向を述べて、「神州の武威、海外に輝かんこと」を期待して執筆したともみられる。

(2) 天地は活物なり、形勢の変に応じて論ずべし

『新論』の中で、しばしば述べているのは、「変動して居らざるは、天地の常道なり。而《しこう》して万国の両間に在るや、形勢の変、豈《あ》に窮まりあらんや」(「形勢」)と述べ、また、「謂《おも》ふに天地は活物なり、人もまた活物なり。活物を以てして、活物の間に行ふ、その変勝《あ》げて窮むべからず」(「長計」)とも述べて、世界の情勢は常に変化していて、その時の大勢を審察して、それに対応した策を立てるべきであると主張している。それを「変通」と言った。

(3) 『新論』執筆後、四十年

『新論』は文政八年(一八二五)に執筆され、ひそかに民間に流布していたが、公刊されたのは三十三年後の安政四年(一八五七)であった。その時には、すでに日米修好通商条約など五カ国と調印を済ませ、交易も開始している。「時務策」執筆の時には、『新論』の著作からすでに四十年が経過し、当時の時代とは内外の情勢が全く一変してしまったのである。『新論』の巻末に

記した次のような一文がある。

すなはち今日の言ふところは、明日未だ必ずしも行ふべからず。故に一たびこれを口に発すればすなはち空言となり、一たびこれを書に筆すればすなはち死論となる。

として、著書の出版することに躊躇があったことを記している。

しかしながら、『新論』は天下に広まり、尊王攘夷家の教典として重んじられてきた。またひそかに天朝にも達したという。そこで『新論』の論説をそのまま当今に応用するのではなく、改めて時勢の変化を認識して事にあたるべきであることを述べたものと見ることができよう。

特に蒙古一国を撃退した時と今との違いについて説明して、今や列国が合従・同盟して我が国に迫って来ている現実を直視して対処すべきであり、戦勝を期すことのできない戦いは止めるべきであると、少壮の者（激派も含め）に対して、慎重に行動することを繰り返し言及している。

これによって見れば、「時務策」の内容は、開国後、正志斎がたびたび斉昭や藩庁への上書に述べた論と主旨は同じものである。そこに見られる正志斎の論調の変化は、嘉永六年のペリーの来航と条約調印によって時代の様相が大きく変貌したことによる。その現実を冷静に認識し、当時の我が国の国力では欧米列国に対抗することは不可能であることを説いたものである。決して現状に甘んじるということではなく、戦うべき時に戦うべきであるが、現状では攘夷を唱えることの無謀なことを知らしめようとした。それは、薩英戦争や四国艦隊下関砲撃事件で証明されたことである。

(4)『新論』の補足・改訂、今は自重して富国強兵に努めよ

正志斎は、世界の大勢の変化を論じ攘夷論に修正を加え、当面は自重して富国強兵に努め、やがて「神州の武威、海外に輝かさん」時代が来ることを期待したのである。それらの考えを要約して論じたもので、文は短いけれども、『新論』を補足・改訂する意味を込めて執筆されたものと思われる。それ故に、一橋慶喜であろうとか、若年の門下生であろうとかを論ずる必要はないのである。なお、国体論や改革論は変更の必要を認めなかったのであえて触れなかったのである。この問題については、久野勝弥氏の「会沢正志斎の『時務策』について」の論考があるので参照されたい。(『水戸史学』第五十号所収。平成十二年六月発行)

この「時務策」は、明治維新後に、「文明開化」と共に「富国強兵」「殖産興業」のスローガンを掲げ、国民が一致団結して国力を養い、遂には「日清戦争」「日露戦争」に打ち勝ち、世界列強と並んで進む、我が国の将来を予想したかのごとくである。

(5) 橋本景岳の開国論

さて、尊王攘夷思想が主流を占める水戸藩にあって正志斎の開国論は異端者のような扱いを受けたが、それは正当な評価と言えるのであろうか。

すでに、それより五年前に開国を表明した人物がいたので紹介しておきたい。

それは幕末の志士として活躍した福井藩士、橋本左内(一八三四〜一八五九)である。景岳と号し、安政の大獄で井伊直弼により流罪から死刑とされ、二十六歳で刑死した。緒方洪庵に師事し、主として西洋の医学を学んだが、世界の大勢を見通した人物である。十五歳の時に志を記した『啓発録』がある。藤田東湖、西郷隆盛らと交流し、水戸弘道館の教育を模範として藩校・明道館で指導した。当然、会沢正志斎の影響を強く受けたと思われる。

橋本左内

その対外観としては、幕藩体制は維持した上で、「器械芸術は彼に取り、仁義忠孝は我に存す」として、西欧の先進技術の導入を構想し、進んで開国し列国との同盟を提唱し、将来の国際連盟を予想した偉大な先覚者であった。

その外交論は、景岳が安政四年(一八五七)十一月二十八日、藩主松平慶永の側近、村田氏寿《うじひさ》宛て書簡に明らかである。

今の世界の情勢を見るに、将来の世界は一つの同盟国となって（国際連盟）戦争も止む時が来る。その時に中心となるのは、イギリスかロシアである。イギリスは「剽悍貪欲《ひょうかんどんよく》」であり、ロシアは「沈鷙厳整《ちんしげんせい》」で、いずれロシアに人望は帰するであろう。（「沈鷙」の語は『新論』にあり）

と述べ、続いて、

今の日本は、西洋列国を相手として戦いができる状態ではない。日本が独立していくためには、蒙古・満洲・朝鮮国を合併し、かつアメリカ大陸、インド地域に属領を持たなくては、とても実現できるものではない。それは現況では甚だ困難である。

従って、

今の日本は力が足らず、とても西洋列国の兵に敵対して、何年も戦い続けて勝つ見込みはない。それよりも今の内にしかるべき国と同盟国となっておくのが得策であろう。（意訳）

と、当面の対策として開国し、いずれロシアかイギリスなどと同盟を結んだ方がよいと述べた。

景岳の書簡は、安政四年であるが、嘉永六年のペリー来航前後、攘夷論が盛んな頃にはすでに開国に進まざるを得ない情勢を見通していたことが知られる。（『橋本景岳全集』所収）

また、海防掛となって日米修好通商条約の調印に当たった川路聖謨《としあきら》は、景岳に初めて対面した時の印象を次のように語っている。

未だ壮年に見えるが、議論の正確に驚いた。余りに辨晰《べんせき》（理路整然）、刀で斬られたようであった。このように追い詰められ、迷惑したことは未だかつてなかったことである。（意訳）

川路は、勘定奉行を在任のまま海防掛になった幕末きっての名官吏として知られ、斉昭らとも緊密に往来した人物である。阿部正弘から海岸防禦《ぼうぎょ》御用掛に任じられた時には、黒船来航に際し開国を唱えた。弟の井上清直は岩瀬忠震と共に朝廷の承認が無いまま日米修好通商条約に調印した当事者である。かつて井上は刊行された『新論』を川路に送っている。

このように、安政年間には、海外の事情に通じている者の間では、迫り来る列強の要求に対抗できないとして、開国する方向に向かっていたのである。

正志斎が文久二年の「時務策」に開国論を説いたことは、景岳の開国論と同じく、当面の国力では止むを得ないとする考えからであった。世界の大勢を審察すれば、異端者として排斥される理由はない。ここにも『新論』執筆以来の政略家として、冷徹な判断を失わなかった正志斎の真面目を見ることができるのである。

十九　晩年の正志斎

1　藩主の優遇と逝去

安政五年に正志斎はすでに七十七歳になり、その老齢を理由に辞職を願い出たが、藩主慶篤は、慰留して隠居は許さなかった。しかし、その教授頭取（総教）を免じて教授とし、老年により風雨の時は出仕に及ばずとされた。また長年の功績を賞して加増されて二百五十石になった。文久二年（一八六二）、慶篤は、「仁者寿」の三字を磁盃に親書して賜って慰労し、この歳、馬廻頭上の格に昇格した。

このような恩遇に接した正志斎は、いかに斉昭や慶篤からの信頼が篤かったかが理解できよう。ここに正志斎が藩の重鎮として、常に粉骨砕身、周りからの様々な非難攻撃に怯《ひる》まずに、

正志斎墓誌（本法寺）

「尊王敬幕」・「報本反始」の信念を貫き通した人物像が浮かび上がってくるのである。

ついに正志斎は、文久三年（一八六三）七月十四日、八十二歳の生涯をもって、水戸の自邸に歿し、この世に別れを告げた。弔意を表すため弘道館の学生には一日の休暇が与えられた。この時、甥の寺門謹は、正志斎の傍らにいてその最後を看取っている。（「行実」）

この激動の時代にあって志士の多くが不遇の中に世を終わる中で、正志斎は寧ろ順境の中に天寿を全うしたといえよう。その三年後には慶喜が十五代将軍に就き、またその二年後には明治維新を迎えるという時代の大きな変転の中にあった。その歿した翌年には正志斎がかねて「血気の少壮」の激発を憂慮していた尊王攘夷の旗を揚げ藤田小四郎らの筑波挙兵が起こり、藩内での闘争が激しくなり、水戸藩の悲劇が始まろうとしていた時であった。それらを見届けられなかったことは、幸とすべきか不幸とすべきであろうか。

2　正志斎の顕彰

(1)　藩公より「旌正之碑」の親書を賜る

明治元年（一八六八）に、青山延光（通称量太郎、号は佩弦斎《はんげんさい》）は「会沢先生墓表」を著し、その碑石の彫刻が完成する際に、藩主慶篤から親書の題字「旌正之碑《せいせい》」（正義の人を表彰する意）を賜ったので、これを墓石に刻み掲げ、その恩遇のほどを書き記した。

(2) 明治天皇より祭祀料の下賜と『新論』原本の呈上

明治二十三年（一八九〇）、明治天皇が水戸へ行幸された時、正志斎の勤王の志を表彰されて、祭祀料として二百金を賜り、そして自筆の『新論』を御手許に納められた。現在は、宮内庁書陵部に所蔵され、『新論』の原本として珍重されている。

(3) 特旨を以て正四位を贈位

明治二十四年、明治天皇の特旨をもって、正四位が贈られた。「会沢先生略譜」に「嗚呼、先生、東阪《とうすう》の賎臣を以て、忝《かたじけな》くも寵眷《ちょうけん》（特別の待遇）かくの如し。いわゆる至誠感神、実に希世の栄と謂《い》つべし」と寺門謹が記している。

おわりに

正志斎の八十二年の生涯は、江戸時代後半から明治維新の直前に及ぶ内外激動の時代を生き抜いた一生であった。その伝記を叙述することは、すなわち、水戸藩の幕末・維新史を記述することであるともいえる。江戸時代二百七十余年の中でも、この時代は、改革と挫折、毀誉褒貶こもごも至って、最も起伏に富んだ激動の時代であったといえよう。

その中にあって、正志斎の身分は彰考館の編修員（総裁）であり、弘道館の教職（総教）であり、家塾の塾頭であった。他に小姓頭などの役職も兼務したが、それは弘道館教授頭取（総教）に相当する役職として任じられたものであって、政治の実務に従事するものではなかった。

正志斎が政略家、戦術家としての才能を駆使して水戸藩政に果たした功績は絶大なものがあり、また後期水戸学を大成し、幕末・維新期の天下の志士の泰斗として、その時代の思想・教育界における存在感には卓越したものがあった。そして『新論』に示された国体論と改革の指針は、明治新政府の組織・制度の確立に際しても大きな役割を果たした。それは明治天皇による『新論』のお召し上げ、その贈位・祭祀料の下賜などの顕彰によっても明らかであろう。

世に「文章経国」という言葉がある。魏の初代皇帝となった文帝（曹丕《そうひ》）が著した『典論』の一節に、「文章は経国の大業、不朽の盛事なり」（読み下し）とあり、即ち、「文章は国を治めるに匹敵する大事業であり、永遠に朽ちることのない盛大な事業である」という意味である。それに続いて、「年寿は時ありて尽き、栄楽はその身に止まる。二者は必至の常期あり、未だ文章の無窮なるにしかず」とあり、「人の寿命には限りがある。人の栄誉や楽しみはその人一代限りである。しかし文章には期限はなく永遠に滅びることはない」と記されている。

この「文章経国」の一文は、正志斎の功績を評する言葉として、最も相応しいものと思えるのである。

出版に際して、末裔の会沢安之氏所蔵の「会沢正志斎肖像」を巻頭に掲げ、また水戸在住の著名な女流書家、北条蘭徑先生に題字を揮毫いただいたことに感謝申し上げたい。併せて、常磐神社・義烈館所蔵品の掲載許可、また本会各位からの資料の提供、特に、久野勝弥氏、但野正弘氏、飛田友範氏の校閲、錦正社中藤正道社長の多大なご支援に衷心よりお礼を申し上げる。

〔付録〕

一　正志斎関係年譜

※〔　〕は幽谷関係。〈　〉はその他。満年齢。

天明二年・壬寅（一七八二）	一歳。五月二十五日、会沢正志斎、下谷（宮町）に誕生。初名市五郎、のち安吉。諱は安、字は伯民、恒蔵と称す。正志斎、欣賞斎また憩斎と号す。父は与平、母は根本氏のゑ。〈光格天皇・将軍家治の時代。老中田沼意次の専権〉
同　三年・癸卯（一七八三）	二歳。〈浅間山大噴火、天明の大飢饉。一揆・打ち壊し続発。光格天皇、京都周辺の市民を救済〉
同　五年・乙巳（一七八五）	四歳。〔藤田幽谷、初めて蒲生君平に会う〕
同　六年・丙午（一七八六）	五歳。〔幽谷、『保建大記』を写す。十三歳〕〈将軍家治薨去、家斉継ぐ。立原翠軒、史館総裁。林子平『海国兵談』刊行始まる〉
同　七年・丁未（一七八七）	六歳。〈老中松平定信、首座となり寛政の改革始まる〉
同　八年・戊申（一七八八）	七歳。〔幽谷、彰考館出仕。十五歳〕

寛政元年・己酉（一七八九）　八歳。〔幽谷、高山彦九郎と会談。立原翠軒、上書して志・表の廃止と紀伝を優先的刊行を提言〕

同　二年・庚戌（一七九〇）　九歳。これより先、父から「四書五経」の素読を学び、十二月に至って修了。

同　三年・辛亥（一七九一）　十歳。幽谷に入門。八月、細谷（城東）に転居。〔幽谷、十月、松平定信の求めにより「正名論」を作る。十一月、幽谷の父歿し、心喪に服す。十八歳〕

同　四年・壬子（一七九二）　十一歳。〈ラクスマン根室に来航〉

同　五年・癸丑（一七九三）　十二歳。〔幽谷、「二連異称」を著す〕〈六月、ラクスマン松前で交渉。七月、松平定信退職〉

同　六年・甲寅（一七九四）　十三歳。〔幽谷、「高山処士を祭るの文」を作る〕

同　七年・乙卯（一七九五）　十四歳。〔幽谷、翠軒に従い、京都、奈良を旅し、富士山に登る〕

同　八年・丙辰（一七九六）　十五歳。〔幽谷、梅香に新築。蒲生君平、来水し会談〕

同　九年・丁巳（一七九七）　十六歳。〔幽谷、「修史始末」を著す。『大日本史』題号問題など三大議起こる。「丁巳《ていし》封事」を呈し不敬の罪により免職、水戸に帰る〕

同　十年・戊午（一七九八）　十七歳。元服し恒蔵と称す。〔幽谷、「西土詰戎記序」を作る〕〈近藤重蔵、木村謙次など千島を視察、エトロフに「大日本恵土呂府」の木柱を建つ〉

同十一年・己未（一七九九）　十八歳。四月二十三日、飛田逸民と共に彰考館の写字生と為る。〈十二月六日、義公百年忌、紀伝の清書本を義公廟に献ず。幽谷、史館に復職〉

同十二年・庚申（一八〇〇）　十九歳。〈三月三十一日、斉昭（烈公）誕生〉

享和元年・辛酉（一八〇一）　二十歳。「千島異聞」を著す。〈長久保赤水歿、八十五歳〉

同　二年・壬戌（一八〇二）　二十一歳。〔幽谷、家塾「青藍舎」を開く、二十九歳〕

同　三年・癸亥（一八〇三）　二十二歳。格式留付列、史館物書。江戸史館に移る。中山信敬を直諫。胃病を患う。〔幽谷、江戸に移る。正月、志表刊修頭取〕〈治保、月次講義、舜水祠堂の講義を裁定、教授職を設ける。『大日本史』を「史稿」と改称。翠軒退職〉

文化元年・甲子（一八〇四）　二十三歳。四月二十日、父与平、大坂に歿（五十八歳）。六月二日、母、江戸に歿（四十六歳）。心喪三年に服す。八月二十五日、歩行士列。〈レザノフ長崎に来航。帰路、北地を襲撃〉

同　二年・乙丑（一八〇五）　二十四歳。〔幽谷、四月、水戸に帰る。〕〈治保（文公）、薨去、五十五歳。治紀（武公）継ぐ〉

同　三年・丙寅（一八〇六）　二十五歳。心喪三年の忌明け。再び題号問題起こり、正名主義を論ず。「史稿」印刷開始。〔東湖誕生〕〈樺太、千島に露船来航〉

同　四年・丁卯（一八〇七）　二十六歳。諸公子の侍読。〔幽谷、「丁卯封事」を呈す。史館総裁となる〕〈前年来、露船来航。米船、長崎に来航。西蝦夷を直轄、松前奉行を置く〉

同　五年・戊辰（一八〇八）　二十七歳。六月六日、定江戸歩行士。〈間宮林蔵、樺太探検。長崎でフェートン号事件〉

同　六年・己巳（一八〇九）　二十八歳。諸公子の手跡御相手。〈三月、「大日本史」の題号勅許、版本完成し幕府に献上。論賛削除〉

同　七年・庚午（一八一〇）　二十九歳。小林半兵衛祐政の女、元と結婚。〈十二月、『大日本史』朝廷に献上。幽谷、「進大日本史表」を代作〉

同　八年・辛未（一八一一）　三十歳。八月十五日、小十人組。〈光格天皇より『大日本史』への勅諭〉

同　九年・壬申（一八一二）　三十一歳。五月、長女五百誕生（田村正理介妻）。

同　十年・癸酉（一八一三）　三十二歳。〔幽谷、数カ月江戸へ出張〕〈君平歿、四十六歳〉

同十一年・甲戌（一八一四）　三十三歳。七月、二女謹誕生（夭折）。

同十二年・乙亥（一八一五）	三十四歳。〔幽谷、夏、湯岐温泉に療養〕〈川口緑野、総裁〉
同十三年・丙子（一八一六）	三十五歳。「居喪大意」を斉昭に呈す。〈閏八月、治紀（武公）薨去四十四歳。九月二十八日、斉脩（哀公）継ぐ。斉昭、心喪に服す〉
同十四年・丁丑（一八一七）	三十六歳。四月、三女類誕生（秋山長太郎妻）。〈光格天皇譲位（上皇）、仁孝天皇践祚〉
文政元年・戊寅（一八一八）	三十七歳。〔幽谷、「蒲生君臧墓表」を作る〕〈水野忠成老中〉
同　二年・己卯（一八一九）	三十八歳。姉の夫都築惟貞と父の遺骸を迎えに大坂へ行き、四月十九日、水戸の千波原先塋に埋葬。途中で伊勢、熱田、京都などを巡る。
同　三年・庚辰（一八二〇）	三十九歳。四月十二日、馬廻組となり水戸へ帰る。公子伴読を解任。鯉淵固次宅を借家、書斎に欣賞斎と命じ、開塾教授。九月二日、母の遺骸を水戸に葬る。十月、長男中太郎誕生（夭折）。〔幽谷、正月、自宅療養〕
同　四年・辛巳（一八二一）	四十歳。十一月、二男中次郎誕生（夭折）。
同　五年・壬午（一八二二）	四十一歳。六月十一日、同門の宇佐美蘋亭、飛田逸民と駿河に至り祖先の史跡を訪ね、富士に登り、七月五日帰る。〈英船、浦賀に来航〉
同　六年・癸未（一八二三）	四十二歳。十二月二十五日、進物番上座に進む。総裁代役。〔幽谷、「癸未封事」を呈し、

（一八二三）　海防を厳にし大改革の断行を迫る〕〈鷹司政道、関白就任〉

同　七年・甲申（一八二四）　四十三歳。五月二十八日、英船員、大津浜上陸。筆談役として訊問、「諳夷問答」を著す。

同　八年・乙酉（一八二五）　四十四歳。二月二十八日、四女菊誕生（早世）。〈二月、幕府、異国船打払令を公布〉三月『新論』を著す。

同　九年・丙戌（一八二六）　四十五歳。五月十九日、『新論』を幽谷から斉脩（哀公）に献ず。〔十二月一日、幽谷歿、五十三歳〕

同　十年・丁亥（一八二七）　四十六歳。十二月、「責難解」成る。〔東湖、家督を継ぐ。進物番、二百石、彰考館編修〕〈八月、川口緑野、総裁に復職〉

同十一年・戊子（一八二八）　四十七歳。「豈好弁」を著す。

同十二年・己丑（一八二九）　四十八歳。川口緑野と絶交し、五月十九日、教授と為る。斉脩、重篤。十月一日、山野辺義観、東湖らと南上。同四日、薨去。同八日、斉昭の襲封を聞き、水戸に還る。四月九日、五女久生る（海保芳卿の妻）。

天保元年・庚寅（一八三〇）　四十九歳。正月二十四日、昨年十月の無断出国により処罰、逼塞三十日。四月二十九日、常葉組郡奉行となる。五月、田見小路の官舎に移る。九月十四日、宅を南街（南町）に賜る。十月二十日、川瀬教徳、吉成信貞、藤田彪と召しに応じ小石川邸に至る。帰り際に斉昭より親筆を賜り、感激して「納言公賜墨記」を作る。この頃、「学制略説」を著す。

同	二年・辛卯（一八三一）	五十歳。正月十一日、格式通事列に進み、御用調役となる。二月七日、江戸より南街の宅に帰る。十月二十九日、小納戸役列に進み、彰考館総裁となる。二月二十日、六女季生る（夭折）。この頃「学問所建設意見書稿」を著す。
同	三年・壬辰（一八三二）	五十一歳。五月二十九日、通事列に進み、百五十石を賜る。
同	四年・癸巳（一八三三）	五十二歳。〈三月五日、斉昭、初の就藩。六月十九日、正志斎宅に臨む。『告志篇』を頒布〉彰考館で『日本書紀』神代巻を講義。『迪彝篇』を著す。
同	五年・甲午（一八三四）	五十三歳。加藤桜老、入門。五月二十九日、通事に進み百五十石を賜る。六月二十日、熊三・璋生る。『草偃和言』を著す。この頃「諸家学規」を著す。〈四月二十六日、斉昭、参府。十二月、学校建設計画を発表〉
同	六年・乙未（一八三五）	五十四歳。「刪詩義」成る。〈斉昭、学校建設を政府に諮問。戸田忠敞、東湖ら準備掛〉
同	七年・丙申（一八三六）	五十五歳。〈諸国飢饉。五月、家老山野辺義観、助川城に移住〉
同	八年・丁酉（一八三七）	五十六歳。「両眼考」を著す。
同	九年・戊戌（一八三八）	五十七歳。十二月二十五日、更に百五十石を賜る。〈「弘道館記」成る〉

同　十年・己亥（一八三九）　五十八歳。「中庸釈義」成る。十二月十二日、学校御造営掛。

同十一年・庚子（一八四〇）　五十九歳。〈正月、斉昭、再び就藩〉四月九日、小姓頭兼弘道館教授頭取（督学・総教）、同役青山拙斎（延于）。役料二百石。「典謨述義」成る。〈十一月、光格上皇崩御。七十歳〉

同十二年・辛丑（一八四一）　六十歳。四月、朝比奈某の宅と交換、居を移す。八月、斉昭、正志斎宅に臨む。〈八月一日、弘道館仮開館式〉

同十三年・壬寅（一八四二）　六十一歳。十二月、「退食間話」を著す。

同十四年・癸卯（一八四三）　六十二歳。「洙泗教学解」を著す。

弘化元年・甲辰（一八四四）　六十三歳。〈五月五日、斉昭、参府。六日、致仕謹慎（弘化甲辰の変）。慶篤（順公）継ぐ。戸田忠敞、藤田東湖、連座して幽閉。十一月二十六日、斉昭の謹慎解除〉七月、真木和泉守、水戸遊学、正志斎塾に入る。

同　二年・乙巳（一八四五）　六十四歳。三月三日、致仕して憩斎と号す。熊三（璋）継ぐ。「既柯集」を著す。〈郡奉行金子教孝『迪彝篇』刊行、郡下に頒つ。関白鷹司政通に献ず。関白より天皇に達し、嘆称を蒙り、学習院に蔵す。東湖「正気歌」「常陸帯」を著す〉

同　三年・丙午（一八四六）　六十五歳。正月十四日、罪を獲て今井惟典の旧宅に蟄居。同宅に安島信立、山国共昌など九人。「孝経考」を稿す。「風簷集」成る。璋の田禄及び第宅を収め、給するに月俸を

以す。宅を祉巷（幸町）に賜り屏居。〈正月、仁孝天皇崩御、四十七歳。二月、孝明天皇践祚、十七歳〉

同　四年・丁未（一八四七）　六十六歳。十二月、謹慎解除、水戸武隈に宅慎。「読論日札」、「下学邇言」を稿す。〈東湖「弘道館記述義」成る〉

嘉永元年・戊申（一八四八）　六十七歳。「江湖負暄」、「泰否炳鑑」、「泮林好音」を稿す。

同　二年・己酉（一八四九）　六十八歳。四月十四日、許されて家に帰り蟄居。十一月二十九日、蟄居を許さる。「三眼餘考」を著す。〈三月、斉昭、藩政関与。東湖、青藍舎再興〉

同　三年・庚戌（一八五〇）　六十九歳。「典謨述義付録」『及門遺範』を著す。

同　四年・辛亥（一八五一）　七十歳。「読書日札」を著す。〈十二月、吉田松陰、正志斎らを訪う〉

同　五年・壬子（一八五二）　七十一歳。「息邪漫録」を著す。〈閏二月、東湖の宅慎解く〉

同　六年・癸丑（一八五三）　七十二歳。十二月十九日、学校教職に復し、禄百五十石を賜る。〈六月三日、ペリー浦賀に来航。斉昭、蟄居赦免、幕政に参与す。七月三日、藤田、戸田、山国兵部など、斉昭の補佐のため出府。将軍家慶、薨去、六十一歳〉

安政元年・甲寅　七十三歳。再び南街の旧宅近傍に移る。四月、斉昭、特命して日に牛乳を賜る。鳥取藩

（一八五四）　士安達清風、入門。

同　二年・乙卯（一八五五）　七十四歳。二月十九日、再び小姓頭、教授頭取（督学）となり、五十石を増し役料二百石。六月一日、幕命により江戸に到り、八月十五日、将軍家定に拝謁。扇子一箱を献上。十八日、慶篤に謁す。二十日、新番頭列に進み、加へて禄五十石を賜る。九月一日、御前で経を講ず。斉昭より粟田口忠綱の刀と親書を賜る。三日、斉昭に謁し、慰諭奨励し、盆松・手爐等を賜る。六日、江戸を発し家に帰る。「銃陣論」、「禦侮策」を著す。〈十月二日、江戸大地震。藤田、戸田など小石川邸で震死〉

同　三年・丙辰（一八五六）　七十五歳。「読易日札」を稿し、文久二年に至り粗々成る。

同　四年・丁巳（一八五七）　七十六歳。〈五月九日、弘道館に鹿島神社、孔子廟を祀り、本開館式。学規諸則を定める〉九月、学校開館につき、白銀五枚、綾絹三反を賜る。十月、老齢をもって引退を乞うも許されず。『新論』公刊。安達清風、帰藩。

同　五年・戊午（一八五八）　七十七歳。五月十四日、老年により教授頭取を免じ教職となり、風雨の時は出仕を免ず。慶篤、筆筒を賜り、もって之を労す。「読直毘霊」を著す。〈四月二十三日、井伊直弼、大老就任。六月十九日、日米修好通商条約を無勅許調印。八月八日、水戸藩に勅諚降下（戊午の密勅）。藩論二分、鎮派（正志斎）・激派（武田耕雲斎）を生ず。九月、安政の大獄開始〉

同　六年・己未　七十八歳。「読葛花」「読級戸風」を著す。八月十九日、上書して、勅書伝達の不可を極

（一八五九）	論。〈八月二十七日、斉昭、水戸城に移る。十二月、勅諚返納に反対する激派、長岡に屯集〉
万延元年・庚申（一八六〇）	七十九歳。〈八月十五日、斉昭薨去、六十一歳〉慶篤、帰国。召されて刀装及び時服を賜る。〈三月三日、桜田門外の変〉。
文久元年・辛酉（一八六一）	八十歳。「閑聖漫録」を著す（最後の著）。
同　二年・壬戌（一八六二）	八十一歳。四月二十七日、慶篤、正志斎の老健を賀し、親書「仁者寿」の磁盃及び筆架、水滴を賜る。五月二十五日、寿筵を設く。六月二十九日、格式馬廻頭上に進む。六月、「時務策」を稿す。〈正月十五日、坂下門外の変。文久の改革。大獄関係者の赦免、復職〉
同　三年・癸亥（一八六三）	八十二歳。七月十四日、自宅で歿。寺門謹、看取る。追弔して弘道館の生徒に一日の休暇。七月十六日、千波原先塋の傍らに葬る。七月二十日、寺門謹「会沢先生行実」を著す。
明治元年・戊辰（一八六八）	正志斎の墓碑建立に際し、藩公昭武、「旌正之碑」の四文字を揮毫し、曾孫に与え、題額に刻ましむ。
同二十三年・庚寅（一八九〇）	十月二十八日、明治天皇、水戸行幸。正志斎の勤王の志を嘉賞し、祭祀料二百金を下賜。『新論』の原本を収めらる（宮内庁書陵部蔵）。
同二十四年・辛卯（一八九一）	正四位を追贈。

「水府系纂」「正志斎先生略譜」「会沢先生行実」「藤田幽谷・東湖両先生略年譜」『茨城県史年表』（県立歴史館）などによる。

〔付録〕

二　参考文献等

1　史料

「会沢先生行実」（文久三年、寺門謹）。

「会沢先生略譜」（明治二十五年、寺門謹）。

『新論・迪彝篇』塚本勝義訳注（昭和六年、同四十九年復刊、岩波文庫）。

『水戸学派教育説選集』（日本教育文庫）（昭和十二年、第一出版協会）「学制略説」を所収。

『日本学叢書』八巻（昭和十三年、雄山閣）「及門遺範」を所収。

『水戸学大系』二「会沢正志斎集」高須芳次郎編（昭和十六年、井田書店）「新論」「下学邇言」「迪彝篇」「読直毘霊」（各抄）を所収。

『水戸学』（日本思想大系53）（昭和四十七年、岩波書店）「新論」「退食間話」「人臣去就説」「時務策」を所収。

『水戸学』（神道大系論・説編十五）（昭和六十一年、同編纂会）「新論」「対問三策」「草偃和言」「江湖負喧」「時務策」を所収。

『会沢正志斎文稿』名越時正編（平成十四年、国書刊行会）。

2　伝記・研究

『水戸学と維新の風雲』北条重直著（昭和七年八月、東京修文館）。
『会沢伯民』西村文則著（昭和十一年、章華社）。
『水戸学・会沢新論の研究』大野慎著（昭和十六年、文昭社）。
『会沢正志斎』瀬谷義彦著（昭和十七年、文教書院）。
『会沢正志斎』高須芳次郎著（昭和十七年、厚生閣）。
『会沢正志の思想』塚本勝義著（昭和十八年、昭和図書株式会社）。
『宇内の大理』荒川久寿男著（昭和十九年、四海書房）。
『藤田幽谷の研究』（昭和四十九年三月、同編集委員会、代表名越時正）。

3　通史

『水戸藩史料』、『水戸市史』、『茨城県史年表』。

4　本書に関連する著者執筆の著書・論文等

(1)『水戸光圀と京都』所収論文（水戸史学選書、錦正社、平成十二年発行）。
六「大日本史と論賛」

八　「正名論再考」
九　「水戸弘道館の諸藩に及ぼした影響」
十　「弘道館の教育課程について」
(2)『水戸斉昭の「偕楽園記」碑文』（水戸の碑文シリーズ5、錦正社、平成十八年発行）。
(3)『水戸学講座』（常磐神社発行）（会沢正志斎に関連する所論）。
第四回　「藤田幽谷先生における尊王敬幕」（昭和六十二年度）
第九回　「後期水戸学と烈公の改革」（平成二年度）
第十二回　「烈公の名文――「弘道館記」「学生警鐘の銘」等――」（平成七年度）
第十五回　「父幽谷先生に育まれた若き日の東湖先生」（平成十年度）
第十七回　「義烈両公と京都」（平成十二年度）
第十八回　「（藤田東湖）孟軻論」（平成十三年度）
第二十一回　「いわゆる密勅降下問題の紛糾―朝廷の幕政介入と藩論の分裂―」（平成十六年度）
第二十四回　「弘道館の教育――特に治教一致との関連について――」（平成十九年度）
第二十七回　「（烈公の魅力）多芸多才の人」（平成二十二年度）
第三十回　「明治維新を導いた書・『新論』について」（平成二十五年度）
第三十一回　「会沢正志斎『退食間話』と『弘道館記』」（平成二十六年度）
(4)『水戸史学』第七十九号（水戸史学会、平成二十五年十一月発行）。
「会沢正志斎先生歿後百五十年に当たりて――明治維新を導いた憂国の教育者――」

5 「水戸の人物シリーズ」既刊本（1〜10）

1 『桜田烈士　蓮田一五郎』但野正弘著（昭和五十八年九月）。
2 『光圀夫人　泰姫と左近局』宮田正彦著（昭和六十年八月）。
3 『天下の英豪　木村謙次』吉沢義一著（昭和六十三年二月）。
4 『烈公を支えた郡奉行　吉成又右衛門信貞』仲田昭一著（昭和六十三年七月）。
5 『文恭先生　朱舜水』木下英明著（平成元年七月）。
6 『藤田東湖の生涯』但野正弘著（平成九年十月）。
7 『助さん・佐々介三郎の旅人生』但野正弘著（平成二十年七月）。
8 『桜田門外の変と蓮田一五郎』但野正弘著（平成二十二年七月）。
9 『慈愛の郡奉行　小宮山楓軒』仲田昭一著（平成二十四年七月）。
10 『会沢正志斎の生涯』安見隆雄著（平成二十八年五月）。

著者略歴

安《あ》見《み》隆《たか》雄《お》

昭和 33 年 3 月　茨城県立水戸第一高等学校卒業
同 37 年 3 月　茨城大学文理学部文学科(史学専攻)卒業
同 37 年 4 月～　同県立高等学校教諭(多賀・高萩・日立第一・水戸第一)
同 59 年 4 月～　同県立歴史館、史料部史料室勤務(主任研究員、史料室長)
平成 2 年 4 月～　同県立高校教頭(那珂・那珂湊第二)
同 6 年 4 月～ 12 年 3 月　同県立高校校長(下館第二・大洗・水戸第一)
同 12 年 4 月～ 16 年 3 月　学校法人・明秀学園日立高等学校・理事・校長

※主な役職等　水戸史学会副会長。茶道裏千家専任講師（茶名・宗隆)。合気道3段。(株)ワイ・ティ・ビィ(カリスマ倶楽部・セラピスト)。
※主要著書等　『水戸光圀と京都』（水戸史学選書、錦正社、平成 12 年)、『水戸斉昭の「偕楽園記」碑文』（水戸の碑文シリーズ5、錦正社、平成 18 年)。その他『水戸史学』、『水戸学講座』に論文掲載。
※表彰等　平成 11 年 11 月 29 日　文部大臣表彰「教育賞」。参内、拝謁。
同 22 年　4 月 29 日　瑞寶小綬章受賞。参内、拝謁。

[現住所]〒 311-4145　茨城県水戸市双葉台 2-40-11

水戸の人物シリーズ10　会沢正志斎《あいざわせいしさい》の生涯

平成二十八年五月　二日　印刷
平成二十八年五月二十日　発行

※定価はカバーなどに表示してあります。

著　者　安　見　隆　雄
企　画　水　戸　史　学　会
（会長 宮田正彦）
発行者　中　藤　正　道
発行所　㈱　錦　正　社
〒一六二―〇〇四一
東京都新宿区早稲田鶴巻町五四四―六
電　話　〇三（五二六一）二八九一
ＦＡＸ　〇三（五二六一）二八九二
ＵＲＬ　http://www.kinseisha.jp/

印刷所　㈱文　昇　堂
製本所　㈱ブロケード

ISBN978-4-7646-0126-0